GOUVERNANCE LOCALE
ET RECONSTRUCTION COMMUNAUTAIRE

Collection « Études africaines »
dirigée par Denis Pryen et son équipe

Forte de plus de mille titres publiés à ce jour, la collection « Études africaines » fait peau neuve. Elle présentera toujours les essais généraux qui ont fait son succès, mais se déclinera désormais également par séries thématiques : droit, économie, politique, sociologie, etc.

Dernières parutions

Ari GOUNONGBÉ, *L'individu collectif, Ubuntu au quotidien et en clinique psychologique*, 2023.
Jérôme OLLANDET, *La France et le Congo-Brazzaville, Histoire d'une marche singulière*, 2023.
Hans Peter HAHN, Alain Joseph SISSAO, Amado KABORÉ et Kathrin KNODEL (dir.), *L'avenir des ONG en Afrique de l'Ouest*, 2023.
Rose Mama DIOUF, *Réseaux sociaux numériques et jeunes. Penser les enjeux éthiques des usages*, 2023.
Moumouni SOUMANO, *Mali. L'intervention internationale à l'épreuve de la crise malienne*, 2023.
David YESAYA, *La réussite sociale du migrant postcolonial en France, Une analyse socio-littéraire dans les romans de Karine Tuil, Faïza Guène, Karim Amellal et El Hadji Diagola*, 2023.
Emmanuel LOCHA MATESO, *Écrire le Congo : De Conrad à Césaire*, 2023.
Moustapha SÈYE, *Pêcher pour survivre en Afrique. Les aires marines protégées au chevet de la pêche artisanale au Sénégal ?* 2023.
Fatoumata Bernadette SONKO, *Femmes sous silence au Sénégal. Une fabrique du patriarcat*, 2023.
Douty Abib TRAORÉ, *Droit OHADA et responsabilité sociétale des entreprises. Un processus d'actualisation indispensable*, 2023.
Borice MOKELE, *Nganga et savoir ancestral de guérison au Congo-Brazzaville, Devin, thérapeute et médiateur*, 2023.

Patrick Milabyo Kyamusugulwa

GOUVERNANCE LOCALE ET RECONSTRUCTION COMMUNAUTAIRE

L'EST DE LA R.D. CONGO

L'Harmattan

5-7, rue de l'Ecole-Polytechnique, 75005 Paris
http://www.editions-harmattan.fr
ISBN : 978-2-14-030585-6
EAN : 9782140305856

Sommaire

Illustrations 8

Dédicace 11

Préface 13

A propos de l'ouvrage 17

1. Introduction 21
Patrick Milabyo Kyamusugulwa

2. Renforcement des capacités pour la gouvernance dans la reconstruction communautaire à l'Est de la RDC 29
Patrick Milabyo Kyamusugulwa, Dorothea Hilhorst & Gemma Van Der Haar

3. Mécanismes de rendre-compte dans la reconstruction communautaire à l'Est de la RDC 67
Patrick Milabyo Kyamusugulwa, Dorothea Hilhorst & Carolien Jacobs

4. Détenteurs de pouvoir et dynamiques sociales dans la reconstruction communautaire à l'Est de la RDC 107
Patrick Milabyo Kyamusugulwa, Dorothea Hilhorst

5. Labeur dans la reconstruction communautaire à l'Est de la RDC 149
Patrick Milabyo Kyamusugulwa, Jeroen Cuvelier & Dorothea Hilhorst

6. Appropriation locale dans la reconstruction communautaire à l'Est de la RDC 181
Patrick Milabyo Kyamusugulwa

7. Conclusion 227
Patrick Milabyo Kyamusugulwa

Illustrations

Figures

2.1 *Renforcement des capacités et changement de comportement dans Tushiriki* 58

3.1 *Rendre-compte démocratique comme un des principes de bonne gouvernance* 93

4.1 *Structure administrative au niveau du territoire dans la province du Sud-Kivu* 119

4.2 *Structure de pouvoir existante et élection CDV à Burhinyi et à Luhwindja,* 129

6.1 *Diagramme organisationnel de différents groupes ethniques* 197

Tableaux

2.1 *Modules de formation et principes locaux de bonne gouvernance dans Tushiriki* 41

2.2 *Formations, ateliers et sensibilisations à Burhinyi, Luhwindja & Kaziba, 2008 à 2010* 42

2.3 *Interface agents de terrain et participants aux formations et ateliers* 44

4.1 *Principaux détenteurs de pouvoir par types de projets exécutés* 137

5.1 *Types de labeur au programme Tushiriki* 173

6.1 *Définition des concepts qui décrivent un village* 194

6.2 *Définition des concepts qui décrivent l'appropriation locale* 196

Photos

2.1 *Session de formation des membres du CDV, localité Kalambagiro, Burhinyi, Sud-Kivu* 65

2.2 *Discussion en groupe, atelier de formation des membres CDC, Luduha, Luhwindja, Sud-Kivu* 65

3.1 *Président du CDV Kanyimba pendant l'assemblée générale rapport à Burhinyi, Sud-Kivu* 105

3.2 *Affichage du CDV Mubona montrant les rapports financiers par tranche, Luhwindja, Sud-Kivu* 105

4.1 *Différence de taille des paniers - urnes d'approbation du budget du projet, village Mubone* 128

4.2 *Salles de classe Tushiriki utilisées comme église locale protestante 5ème CELPA en 2013* 138

5.1 *Elèves de l'EP Cishali transportent des pierres pour la reconstruction de leur école, chefferie de Luhwindja* 179

5.2 *Résidents engagés dans la (re)construction de la route locale, localite de Birhala, chefferie Burhinyi* 179

6.1 *Président CDV Kabingu II s'adresse à la population prête à tracer la route, chefferie de Luhwindja* 225

6.2 *Résidents de la localité Kabingu II engagés au travail de la route locale, chefferie de Luhwindja* 225

7.1 *Pont local sur rivière Namnana avant la reconstruction communautaire, chefferie de Luhwindja* 235

7.2 Pont sur rivière Namnana après reconstruction communautaire, chefferie de Luhwindja 235

Dédicace

A mes parents, à mes enfants, à mon épouse, à mes frères et sœurs, à mes professeurs et encadreurs, à mes collègues de service et amis, aux missionnaires et membres de la communauté des églises de grâce au Congo ; je dédie cet ouvrage.

Préface

L'inspiration de rédiger ce livre est venue après ma recherche doctorale à l'Est de la République Démocratique du Congo (RDC), plus particulièrement dans la province du Sud-Kivu de 2007 à 2014. Durant cette période, le pays venait de sortir de deux guerres : celle de 1996 à 1997 et celle de 1998 à 2003 vers une transition d'un gouvernement connu sous le nom de un plus quatre. Cette période sonnait l'ère de la reconstruction du pays après le conflit, bien que dans certaines parties du pays, la situation a demeuré, comme c'est encore le cas, dans une situation de ni paix ni conflit.

Le concept de reconstruction est souvent vu sous son angle matériel plutôt qu'immatériel, tangible plutôt qu'intangible, sous l'angle de l'aide extérieure plutôt que de l'effort ou du moins la combinaison de ces deux. Pourtant dans l'analyse des déterminants du conflit et ses conséquences, apparait un concept plus abstrait et immatériel qu'est la gouvernance et la combinaison des deux 'gouvernance et reconstruction' est un duo dans le contexte post-conflit, une période qui précède le développement durable ou le décollage institutionnel réel.

Très souvent dans l'analyse des sources des conflits, les forces extérieures sont souvent citées que celles intérieures, les causes externes sont souvent déclarées que celles internes ou du moins leur interconnexion. Si l'histoire renseigne que les acteurs externes des conflits à répétition à l'Est de la RDC existent, il est aussi vrai que les sources internes consistant en la faiblesse de prévenir ou de faire face à ces conflits est une réalité. D'où l'importance d'une analyse approfondie du lien entre la gouvernance et la reconstruction. A l'analyse des chapitres présentés dans ce volume, il apparait que ce lien est double. En effet, la gouvernance réelle et authentique reste au cœur à la fois des causes de la destruction et de l'anormalité sociale en même temps comme un des mécanismes d'espérer avancer vers le décollage réel du pays à travers sa reconstruction tant attendue.

La contribution de ce volume montre que l'aspect matériel de la reconstruction est l'aboutissement d'un processus complexe de gouvernance basée sur le rendre-compte objectif et réel, dans un contexte d'un bon usage des ressources et relations de pouvoir existantes. Il s'agit en fait d'un processus avant tout mental basé sur une planification adaptée aux réalités locales et basée sur un rendre-compte engagé au quotidien dans la vie des Congolais et de ses institutions. Le volume attire l'attention sur l'importance d'éviter de reproduire les refrains d'échec si seul l'aspect tangible est prioritaire.

L'Est de la RDC connait encore de nos jours des turbulences, plus particulièrement dans les provinces du Sud-Kivu, celles du Nord-Kivu et de l'Ituri, sans oublier des cas isolés d'insécurité au centre et à l'ouest du pays. Une reconstruction basée sur une gouvernance réelle reste une solution *sine qua non*, ces deux variables étant interconnectées au point qu'il est moins possible d'avoir la deuxième sans une certaine dose de la première.

Dans les chapitres de ce volume, l'analyse montre que le renforcement de capacités au sujet des concepts abstraits tels que la gouvernance, le rendre-compte peut conduire à des logiques d'échec si l'on ne tient pas compte des conceptions et cultures locales et que les chances de succès de toute reconstruction passe par une bonne exploitation des relations de pouvoir existantes. Aussi, le labeur volontaire comme mode de participation communautaire à l'effort de reconstruction peut conduire à un désengagement à l'absence d'un effort de compréhension de la structure motivationnelle locale.

Enfin, un espace pour développer un sens d'appropriation d'un effort de reconstruction est indispensable non seulement dans le processus lui-même de reconstruction, mais aussi dans ses résultats.

Je remercie de tout cœur la Fondation Néerlandaise pour les Réfugiés (Stichting Vluchteling) et le Gouvernement Néerlandais dont le financement avait permis la collecte des données ayant conduit à la rédaction de ce livre. Mes remerciements vont aussi à 'Marie-Curie' pour son appui pendant la recherche en relation avec cette étude. Je remercie l'International Rescue Committee (IRC), son équipe de Recherche et son Management, pour avoir accepté que je collecte des données au cours de l'exécution du projet TUSHIRIKI dans le milieu de notre étude. Mes sentiments de gratitude vont également à l'équipe de la Chaire Aide Humanitaire et Reconstruction de l'Université de Wageningen aux Pays-Bas, tous les collègues de cette équipe, plus particulièrement Professeure Dorothea Hilhorst et Adriaan Ferf pour leur encouragement. Je suis reconnaissant au Centre des Sciences Sociales pour le Développement Africain-KUTAFITI, cadre qui m'a permis de finaliser la rédaction de ce volume.

J'espère que les lecteurs trouveront pertinent le partage du contenu de ce volume considérant que la reconstruction post-conflit et post-désastre reste encore de nos jours une des préoccupations majeures à l'Est de la RDC, en Afrique Subsaharienne et dans d'autres parties du monde.

Le 16 Septembre 2022
Patrick Milabyo Kyamusugulwa

A propos de l'ouvrage

Cet ouvrage est une unique contribution à la littérature sur la reconstruction et le développement. Patrick Milabyo Kyamusugulwa a utilisé une méthodologie précieuse, mais rare de l'accompagnement ethnographique d'un grand projet financé par un donateur qui était animé de faire la différence dans une des zones ravagées par les conflits à l'Est de la République Démocratique du Congo (RDC). L'ethnographie était spécialement effective dans les mains de l'auteur, qui est natif de la RDC, et a vécu pendant la période des turbulences de son pays. C'est ce qui lui a permis d'arriver aux résultats et détails qui pouvaient échapper à tout autre observateur.

L'ouvrage révèle de manière intelligente la réflexion au-delà des faits et pratiques de l'un de nouveaux efforts de reconstruction, à savoir la reconstruction dirigée par la communauté. Il apparait que c'était un programme qui avait, avec beaucoup d'attention, ciblé des communautés rurales souvent isolées dans la partie de l'Est de la RDC en proie aux conflits. Il examine de manière brillante ce qui a permis et ce qui n'a pas permis la fabrique sociale que le programme a rencontrée et a investigué nombre d'aspects largement relatifs au développement, entre autres, le fonctionnement quotidien du pouvoir, la redevabilité sociale et la participation.

Dorothea Hilhorst, Professeure d'études humanitaires, Institut International d'Etudes Sociales, Université Erasmus Rotterdam, Pays-Bas.

La reconstruction après conflit est un travail solide; elle implique la reconstruction de la société sur le plan matériel et immatériel, sur le plan tangible et intangible. Elle peut être directement relative à la mesure d'à quel niveau la partie tangible est en train d'être refaite étant donné qu'il s'agit souvent des changements observables : une école rouverte, l'infrastructure endommagée réparée, un marché fonctionne de nouveau, etc. La partie intangible cependant est constituée par des éléments moins visibles qui font qu'une société fonctionne. Il s'agit d'une part, de la confiance de la population vis-à-vis de ses autorités, une confiance indispensable pour reconstruire sa maison, pour réconcilier les gens, d'autre part.

Des tels changements ne sont pas faciles à observer et à mesurer. Il apparait clairement, à partir du matériel ethnographique présenté à travers cet ouvrage, que Patrick Milabyo Kyamusugulwa a soigneusement été à l'écoute des histoires des habitants, a attentivement observé et a de manière critique réfléchi sur les manières dont les communautés étudiées reconstruisent leurs vies. Les leçons tirées sont d'une grande valeur non seulement dans le contexte de l'Est de la RDC, mais aussi pour des études dans d'autres contextes post-conflit ou post-désastre. L'auteur nous amène où nous devrions fouiller davantage si nous voulons mieux comprendre la reconstruction post-conflit.

Carolien Jacobs, Assistante Professeure, Université de Leyde, Pays-Bas.

Le volume aborde avec clarté la question de la gouvernance en la liant à la reconstruction et au développement participatif communautaire. Cette relation qui n'est pratiquement pas linéaire soulève certaines allégations accompagnées des paradoxes et déductions qui peuvent être soumises à des questionnements selon le contexte. J'ai apprécié le regard critique sur les mécanismes de rendre compte appliqués dans le programme « Tushiriki », tout en soulignant la nécessité d'une étude sur les propositions locales (ou vision de la population) relatives à ces mécanismes.

Aussi, l'accent placé sur les stratégies d'appropriation renforce le rendre compte pour un partenariat véritable entre les parties. Comme discuté dans certaines parties de ce volume, l'inclusion est nécessaire et surtout l'apport de la société civile et du secteur privé. Le rôle ambigu de l'espace politique et de l'aide humanitaire qui cache le regard inattentif du secteur privé qui, pourtant dans la participation locale, est un des acteurs clés du changement, ne ressort pas clairement dans le texte.

Certes, cet ouvrage soulève des questions importantes mais laisse en suspens des hypothèses importantes liées à la façon dont les bénéficiaires de l'aide à la reconstruction devraient composer avec le pouvoir, les conséquences de la dépendance, comme le retrait du pouvoir face à ses responsabilités régaliennes, l'absence d'une politique et des études prospectives sur la gestion des catastrophes et des situations d'urgences. La publication offre un cadre théorique et pratique pour les chercheurs qui peuvent investiguer la question de la gouvernance locale et de la reconstruction dans les autres secteurs au-delà de la santé, de l'éducation, de l'eau, de l'hygiène et des routes.

Je conseillerai cette publication à tous les acteurs du (et au) développement local en les exhortant à un travail participatif dans un style partenarial, non concurrentiel, inclusif et moins dominant, surtout dans les zones affectées par les catastrophes et les conflits. Un ouvrage pourtant facile à lire. Bon courage dans ce défi.

P.O Job Murhega Mashanda, Université Evangélique en Afrique, Institut Supérieur Pédagogique de Bukavu, C.R.P-RIO Bukavu, République Démocratique du Congo

1. Introduction

Patrick Milabyo Kyamusugulwa

Le présent volume est consacré à la gouvernance locale et la reconstruction à l'Est de la République Démocratique du Congo (RDC). Il tente de répondre aux questions globalement posées par la gouvernance dans une perspective de reconstruction de la RDC, plus particulièrement les questions de la gouvernance locale au quotidien et de la reconstruction dans les secteurs de la santé, de l'éducation, de l'eau et de l'hygiène et de routes locales. La recherche étant placée dans le contexte de la reconstruction communautaire dans les zones affectées par des conflits à l'Est de la RDC. Les auteurs, dans divers chapitres, ont abordé tour à tour des aspects relatifs au renforcement des capacités en gouvernance locale, aux mécanismes de rendre-compte, aux détenteurs de pouvoir et dynamiques sociales, au labeur et à l'appropriation des interventions de reconstruction.

De prime abord, d'aucuns seraient tentés de se demander pourquoi la gouvernance locale ? La gouvernance locale renvoie à l'application de deux principes interconnectés que sont la transparence et le rendre-compte social et à d'autres principes tels que l'engagement citoyen, l'égalité, l'inclusion sociale notamment de genre, de l'ethnicité, de l'âge, de la religion. Elle renvoie également au comportement honnête et éthique, à l'équité (c'est-à-dire aux procédures acceptables et telles que prévues), au partenariat, à la durabilité et à l'état de droit ou l'autorité de la loi

(Bovaird & Löffler 2002; Bovaird & Löffler 2003; Ackerman 2005: Fox 2007; Fox 2015:346).

Cela dit, tous les chapitres de ce volume sont liés à l'un ou l'autre aspect de la gouvernance locale. Par exemple, dans chacun des chapitres, une brève revue de la littérature se rapporte aux concepts de l'approche de reconstruction ou de développement participatif, de la participation, de la communauté, de la gouvernance, du transfert de pouvoir ou d'autonomisation et bien entendu à celui de relations de pouvoir. Aussi, la gouvernance locale reste prioritaire à l'Est de la RDC en particulier et en RDC en général étant donné que la crise de gouvernance reste considérée comme un des facteurs conducteurs aux vagues de conflits qui ont endeuillé et continuent à endeuiller l'Est de la RDC, ainsi que tout le pays, voire même en Afrique Sub-Saharienne (Mkandawire 2007). La mauvaise gouvernance locale étant la conséquence des conflits, elle est en fait une de ses principales causes. Parce qu'elle est caractérisée par la destruction de l'infrastructure physique et sociale, le manque de participation citoyenne et des systèmes démocratiques et le manque ou peu de confiance entre les populations et entre celles-ci et leurs institutions (McBride & Patel 2007: 6).

Dans le cas de la RDC, une des raisons des conflits qui ont émaillé le pays en 1996 est bien attendu la faiblesse de l'Etat Congolais (à l'époque l'Etat Zaïrois) à la suite de la crise de gouvernance du pays notamment (Reyntjens 2005). Il est donc urgent que des études tentant à élaborer davantage sur les relations entre la gouvernance locale et la reconstruction soient menées et publiées. Et ce, considérant que l'application correcte de la gouvernance locale et la reconstruction communautaire qui répond aux besoins est une des solutions à cette crise. Enfin, Dans la perspective de la reconstruction communautaire qui sous-tend la décentralisation locale, elle ne peut avoir des succès que si, d'une part, elle est réellement basée sur une bonne gouvernance locale des ressources disponibles (Ackerman 2005:29), tel est le cas de l'Est de la RDC ou du moins de toute la RDC.

D'autre part, les lecteurs seraient tentés de se demander pourquoi la reconstruction communautaire à l'Est de la RDC ? Deux raisons se trouvent réunies. D'abord, la reconstruction communautaire a été décrite comme une des solutions aux approches de reconstruction de 'haut-en-bas' parce qu'au fait elle s'inscrit dans le cadre des approches de 'bas-en-haut' où non seulement les décisions sont supposées être prises par les communautés concernées, mais également l'exécution des activités des interventions et la maintenance des infrastructures construites sont supposées être l'apanage de ces mêmes communautés cibles (Mansuri & Rao 2003; Malena et al. 2004; Tanaka et al. 2006; Dasgupta & Beard 2007). Il s'avère que l'approche dite de 'bas-en-haut' n'est résolument pas indépendante de l'approche 'de haut-en-bas' dès lors que les décisions dites locales sont éclairées ou parfois influencées par les décideurs d'en haut (donateurs ou agents de terrain de l'agence ou encore par les décideurs administratifs et/ou politiques d'en haut).

De même, la reconstruction communautaire est locale c'est-à-dire, elle s'intéresse aux problèmes qui préoccupent la population locale au quotidien, la reconstruction étant la phase de transition entre la phase d'urgence et celle de développement. (Cliffe et al. 2003). Des tels problèmes sont notamment ceux de santé à travers la reconstruction des centres et postes de santé, des maternités et des salles d'opération. Il se pose également des questions liées à l'eau et à l'hygiène à travers la reconstruction des systèmes d'eau potable et des puits, celles relatives aux écoles à travers la reconstruction des salles de classe, des bureaux des chefs d'établissement, des toilettes scolaires, ainsi que celles associées aux infrastructures routières, de petits ponts et routes en terre battue, etc.

Au demeurant, ces indicateurs sectoriels de reconstruction se trouvent au centre de la vie quotidienne des habitants à l'Est de la RDC ou de la RDC en général ; en d'autres termes, leur amélioration est un signe de progrès des conditions de vie de la population, surtout celle ayant été très exposée aux conflits à répétition.

Ce volume présente des chapitres qui sont interconnectés les uns aux autres, parce que non seulement ils élaborent des dimensions de gouvernance locale, de reconstruction et de développement participatif présentées de façon distincte, mais aussi ils soulèvent des questions communes suivantes :

- quels sont les enjeux associés au renforcement des capacités pour la gouvernance locale, plus particulièrement dans une population moins alphabétisée en milieu rural de l'Est de la RDC ?
- comment les mécanismes de rendre-compte dans une perspective de reconstruction communautaire fonctionnent pratiquement dans ce contexte ?
- quels sont les détenteurs de pouvoir et comment fonctionnent les dynamiques sociales dans une approche de reconstruction et développement participatif qui vise à promouvoir la bonne gouvernance locale ?
- quelles sont les limites de cette approche vis-à-vis de la main d'œuvre qui vise l'exécution des interventions de reconstruction et développement participatif dans une perspective de promouvoir la gouvernance locale ?
- enfin quels sont les facteurs conduisant à l'appropriation locale d'une intervention de reconstruction et développement participatif dans les zones affectées par le conflit à l'Est de la RDC ?

Les chapitres présentés dans cette collection, qui sont des études tout aussi indépendantes, ont été basés sur l'ethnographie durant la période de 2008 à 2010 (O'reilly 2005; Metcalfe 2007; Silverman 2009), essentiellement dans les territoires de Mwenga et de Walungu dans la province du Sud-Kivu, à l'Est de la RDC (CAID 2016). Nous avons réalisé ces études en faisant en même temps un monitoring qualitatif du programme de Reconstruction Dirigée par la Communauté connu sous le nom de Tushiriki qui a été financé par le Gouvernement Néerlandais à travers l'agence Stichting Vluchteling basée à la Haye aux Pays-Bas (SV 2006:52; SV & IRC 2007; Ferf et al. 2009; Klerk et al. 2011). Ce programme étant réalisé sur terrain dans les chefferies de Burhinyi et Luhwindja dans le Territoire de Mwenga et celle de Kaziba dans le Territoire de Walungu par International Rescue Committee (IRC) basé à Bukavu au Sud-Kivu à l'Est de la RDC (Voir Figure 1.1 Carte de la province du Sud-Kivu).

Dans la conclusion de ce volume, nous présentons les leçons tirées à partir des divers chapitres au regard de la gouvernance locale et ce que les agences internationales, voire nationales ainsi le Gouvernement de la RDC ou d'autres pays confrontés aux mêmes réalités peuvent faire pour relever ce défi.

Références bibliographiques

Ackerman, J. (2005). 'Responsabilisation sociale dans le secteur public : Réflexion conceptuelle.' *Social Development papers: Participation and civic engagement.* Washington: Banque Mondiale, N° 82, 1-42.

Bovaird, T. & Löffler, E. (2002). 'Moving from excellence models of local service delivery to benchmarking "good local governance"', *International Review of Administrative Sciences*, 68, pp 9–24.

Bovaird, T. & Löffler, E. (2003). 'Evaluating the quality of public governance: indicators, models and methodologies', *International Review of Administrative Sciences*, 69, pp 313–328.

Cellule d'Analyse des Indicateurs de Développement (CAID), "Territoires de Mwenga et de Walungu 2016. " Retrouvé le 21 août 2018 à partir de https://www.caid.cd/index.php/donnees-par-province-administrative/province-de-sud kivu/?donnees=fiche.

Cliffe, S., Guggenheim, S., & Kostner, M. (2003). *Community-driven reconstruction as an instrument in war-to-peace transitions.* Washington, DC: The World Bank Social Development Department.

Dasgupta, A., & Beard, V. (2007). 'Community-driven development, collective action and elite capture in Indonesia', *Development and Change, 38*, 229–249.

Ferf, A., Kyamusugulwa, MP., & Zongo, B. (2009). *Mid Term Review of Rebuilding your Future: A community-driven reconstruction project in the DR Congo*. The Hague: Stichting Vluchteling.

Fox, J. (2007). 'The uncertain relationship between transparency and accountability', *Development in Practice*, 17 (4–5), pp 663–671.

Fox, J. (2015). Social Accountability: What Does the Evidence Really Say? *World Development* 72: 346–361.

Klerk, T., Milabyo, P., Nshimirimana, E., & Shaw, T. (2011). *End of program evaluation of 'Rebuilding your Future': a community-driven reconstruction program in Burundi and the DR Congo*. The Hague: Stichting Vluchteling.

Malena, C., Forster, R., & Singh, J. (2004). *Social accountability: an introduction to the concept and emerging practice.* Washington, DC: The World Bank Social Development Papers, Participation and Civic Engagement.

Mansuri, G., & Rao, V. (2003). *Evaluating community-based and community-driven development: a critical review of the evidence.* Washington, DC: The World Bank Development Research Group.

McBride, L. and N. Patel (2007). 'IRC's Approach to Community-Driven Reconstruction, A basic primer for first generation programming Designed for contextual adaptation' , *Version 2*: 1–36.

Metcalfe, M. (2007). Generalisation: Learning Across Epistemologies. *Forum: Qualitative Social Research, 6(1)*, 1–10.

Mkandawire, T. (2007). "'Good governance": the itinerary of an idea', *Development in Practice*, 17(4–5), pp 679–681.

O'reilly, K. (2005). *Ethnographic methods*. London: Routledge.

Reyntjens, F. (2005). The privatization and criminalization of public space in the geopolitics of the Great Lakes region. *Journal of Modern African Studies, 43*, 587–607.

Silverman, D. (2009). *Interpreting qualitative data: methods for analyzing talk, texts and interaction.* London, SAGE Publications.

Stichting Vluchteling (SV). (2006). *Community-Driven Reconstruction in Burundi and Democratic Republic of Congo*. The Hague: SV; 1-83.

Stichting Vluchteling (SV) & International Rescue Committee (IRC). (2007). Annual plan 2008: the first year of rebuilding your future. *Community-driven reconstruction in Burundi and DRC: a framework towards poverty alleviation in post-conflict countries.* The Hague, Stichting Vluchteling.

Tanaka, S., Singh, J., & Songco, D. (2006). *A review of community-driven development and its application to the Asian Development Bank.* Manila: Asian Development Bank.

2. Renforcement des capacités pour la gouvernance dans la reconstruction communautaire à l'Est de la RDC

Patrick Milabyo Kyamusugulwa, Dorothea Hilhorst & Gemma Van Der Haar

2.1. Introduction

La Reconstruction Dirigée par la Communauté (CDR) est devenue un nouveau paradigme de développement post-conflit. Les programmes CDR combinent typiquement la restauration des infrastructures avec l'introduction de reddition des comptes et de la bonne gouvernance au niveau local. Les évaluations récentes montrent que les objectifs de gouvernance ne sont pas facilement atteints et le changement significatif ne peut être démontré. Ce chapitre contribue à cet argument sur la base des recherches ethnographiques portant sur un programme de reconstruction communautaire à l'Est de la RDC. Il cherche à trouver des explications à l'absence d'impact de la gouvernance démontrable dans le contenu et la mise en œuvre de la formation. Le chapitre identifie l'espace d'amélioration pour bien ajuster le renforcement des capacités aux mécanismes prévalent locaux de rendre-compte et pour coordonner le renforcement des capacités avec d'autres programmes de développement dans la même zone.

Les programmes de reconstruction après conflits prétendent de plus en plus être dirigés par la communauté. Les programmes de reconstruction dirigée par la communauté (CDR) typiquement combinent les objectifs liés à la restauration des infrastructures avec des objectifs de bonne gouvernance. Le renforcement des capacités est un élément crucial dans la CDR : en même temps qu'ils veulent renforcer les capacités pour la mise en œuvre des projets de reconstruction à petite échelle, les programmes cherchent à renforcer les capacités de gouvernance en enseignant aux individus les valeurs et les pratiques de transparence, de rendre-compte, de représentativité et d'inclusion. La reconstruction dirigée par la communauté apparait comme une réponse puissante aux défis dans les zones affectées par le conflit car elle promet de délivrer rapidement et à coût abordable la reconstruction, l'assistance sur terrain et construire une structure de gouvernance qui souligne le choix local et le rendre-compte (Cliffe, Guggenheim *et al.* 2003:2). Elle cherche à impliquer efficacement les communautés locales dans la prise de décision ; ce qui est censé aider les communautés à faire la transition de la phase de conflit vers la phase de développement et de la reconstruction de la paix (McBride and Patel 2007:6). De même, la CDR a le potentiel de promouvoir la réconciliation et de créer la cohésion de la Communauté (Fearon, Humphreys *et al.* 2009:287). Elle se présente comme une réponse aux critiques précédentes des approches fixes, de haut-en-bas, qui ont échoué à rencontrer les besoins à la base et ont raté ou du moins, ont réduit les capacités locales (Cramer 2006; Barakat and Zyck 2009; Hilhorst *et al.* 2010 ; Kyamusugulwa 2013).

Bien que la reconstruction dirigée par la communauté représente une tendance croissante rapide dans la dernière décennie, l'efficacité de l'approche a été contestée (Mansuri and Rao 2003:31; Richards *et al.* 2004). Une évaluation récente d'un grand programme CDR à l'Est de la RDC, par exemple, a montré que bien que la mise en œuvre des projets de reconstruction a été largement couronnée de succès, il n'était pas le cas avec un impact significatif du programme sur les attitudes socio-politiques et les comportements de la population (Humphreys *et al.*, 2012). Quoique cette évaluation ait été robuste dans ses conclusions, elle n'était pas en mesure de fournir des explications sur le faible impact du programme. Ce chapitre contribue à cet argument, s'appuyant sur une étude ethnographique sur les pratiques quotidiennes de CDR.

Pendant deux ans, nous avons fait le suivi de la mise en œuvre du programme dans les villages sélectionnés à l'Est de la RDC et avons suivi les activités et opérations du programme de reconstruction communautaire à travers l'observation participante et des entretiens avec les membres du personnel, les participants et les différentes parties prenantes à l'intervention. Nous sommes d'accord avec les conclusions de Humphreys *et al.* (2012), selon lesquelles l'impact majeur du programme était la réalisation des projets, plutôt que d'affecter la gouvernance locale (Kyamusugulwa 2014a ; Kyamusugulwa *et al.* 2014b ; Kyamusugulwa *et al.* 2018). Bien qu'il existe plusieurs facteurs contribuant à cela, y compris le fonctionnement des relations de pouvoir sur le terrain et les incompatibilités entre les initiatives du projet et les normes en vigueur localement, ainsi que les mécanismes de rendre-compte, ce chapitre se focalise sur la composante renforcement des capacités de ce programme de reconstruction communautaire et plus particulièrement le processus de formation. Nous avons trouvé qu'il décourageait plutôt que d'encourager les changements de gouvernance souhaités.

Le programme à l'étude a été mis en œuvre par International Rescue Committee (IRC) et financé par Stichting Vluchteling basé aux Pays-Bas. Le but était de fournir la reconstruction dirigée par la communauté à 83 007 personnes à l'Est de la RDC. Pour réaliser ses objectifs de renforcement des capacités, le programme s'est appuyé principalement sur la formation des comités de village, qui était un véhicule central dans le programme pour améliorer la gouvernance et les capacités locales. Pour clarifier le processus de renforcement des capacités, ce chapitre examine l'ensemble de la chaîne du renforcement des capacités. Celle-ci comprend le contenu des messages éducatifs, la manière dont le personnel comprend et fournit la formation, l'interface entre les travailleurs d'aide à la reconstruction et les participants et les perceptions des participants et des résidents de la communauté sur la formation. Dans le programme étudié, la formation était une stratégie clé, ce qui l'a distinguée des programmes qui ont eu lieu en même temps dans la zone et qui étaient concentrés sur la réhabilitation des infrastructures sans objectifs supplémentaires en matière de gouvernance.

Nous argumentons que le contenu de la formation en vue du renforcement des capacités n'était pas consistant et avait peu de relation avec la vie quotidienne des gens. La formation a été dans une certaine mesure efficace, en ce qui concerne les bénéficiaires directs, mais elle a eu peu d'impact au-delà d'elle-même. Nous montrons également qu'il y avait peu de mesures incitatives pour le personnel à prendre le renforcement des capacités au sérieux, par rapport à la pression pour mettre en œuvre les projets. Nous mettons en lumière quelques implications du choix du programme de ne pas « travailler avec ce qui est là » en termes d'institutions locales et des formes de rendre-compte, mais plutôt de créer des institutions distinctes et d'adopter des règles décontextualisées. On trouve un espace d'amélioration dans le processus de renforcement des capacités, en particulier en ajustant mieux la capacitation aux mécanismes prévalent locaux de rendre-compte et nous plaidons pour une approche plus coordonnée de renforcement des capacités avec d'autres agences de développement.

La première partie du chapitre décrit le programme CDR de l'International Rescue Committee (IRC), le cadre conceptuel qui guide le programme, les composantes de renforcement des capacités et de bonne gouvernance et la méthodologie de la recherche. La deuxième partie présente les résultats, alors que la dernière partie analyse et conclut le chapitre.

2.1.1. Le programme de reconstruction dirigée par la communauté de l'IRC

International Rescue Committee (IRC) a nommé Tushiriki, un de ses programmes CDR en République Démocratique du Congo (RDC). Tushiriki, signifie « impliquons nous ensemble » dans la langue locale (Kiswahili). L'IRC est une agence internationale basée à New York, qui est active à l'Est de la RDC depuis 1996. Tushiriki est un programme d'une valeur de 2 millions de dollars américains financé par le Ministère Néerlandais des Affaires Etrangères, par le biais de la Fondation Néerlandaise pour les Réfugiés connue au nom de *Stichting Vluchteling* (SV), qui est basé à la Haye. Les objectifs du programme sont : (i) la réduction de la pauvreté par l'amélioration des conditions socio-économiques, (ii) le développement de la gouvernance et de la société civile en augmentant la compréhension des principes et des pratiques de bonne gouvernance et (iii) l'accroissement des efforts de plaidoyer envers les décideurs au nom des communautés (SV and IRC, 2007:6). Le programme Tushiriki ressemble fortement à un autre programme CDR, également mis en œuvre par l'IRC, le programme Tuungane, qui a fait l'objet de l'évaluation rigoureuse de Humphreys *et al.* (2012), cité ci-dessus (Humphreys *et al.* 2012 :8). Les deux programmes étaient très semblables dans la conception, la principale différence est que Tushiriki a ouvert un espace aux partenaires de la société civile d'exécuter conjointement le programme avec l'IRC.

Le programme IRC-Tushiriki a été mis en œuvre de 2008 à 2010, dans la province du Sud-Kivu à l'Est de la RDC. Plus précisément, il a été exécuté dans les chefferies de Burhinyi, de Luhwindja et de Kaziba, qui, en 2008, avaient une population totale de 141 900, dont 83 007 ont été ciblés par le programme (et couverts dans cette recherche). Afin d'exécuter celui-ci, l'IRC a formé des villages aux dimensions uniformes, qui avaient été artificiellement délimités comme unités d'intervention du projet et ne correspondaient pas à aucune unité de gouvernance administrative réelle. Les villages comprenaient des groupes de population sur un territoire donné, s'élevant à environ 1200 personnes, par exemple quelques sous-villages ou un quartier dans une communauté. Cinq de ces villages étaient ensuite regroupés en communauté Tushiriki. Chaque village Tushiriki avait reçu un montant de 3 000 USD, tandis que chaque communauté a reçu un montant de 50 000 à 70 000 USD pour des projets de reconstruction (IRC and CARE, 2009).

L'idée centrale de l'approche dirigée par la communauté est de mettre les gens au cœur de la prise de décision et de la mise en œuvre de la reconstruction afin qu'elle corresponde à leurs besoins prioritaires, alors qu'elle permet également d'améliorer les pratiques de gouvernance (McBride and Patel 2007). Ce double objectif était clairement reflété dans le programme Tushiriki. Dans chacun des 34 villages cibles de ce programme, un comité était formé pour exécuter un projet sélectionné, avec le personnel de terrain du programme fournissant une assistance technique. Les comités faisaient partie de la structure de gouvernance CDR, qui comprenait au sommet un comité de développement régional, tels que le Comité de Développement de Kaziba (CDK) ; avec comme échelon intermédiaire, le Comité de Développement Communautaire (CDC), qui comprend quatre ou cinq Comités de Développement Villageois (CDV).

Le programme prévoyait que les comités de développement du village se composent de dix membres élus, qui avaient la responsabilité de rencontrer fréquemment les habitants. Les membres du comité (cinq femmes et cinq hommes) occupaient les postes de président, de trésorier, de secrétaire, de mobilisateur et de chargé d'inclusion, respectivement. Dans chaque village cible, les projets étaient sélectionnés dans des réunions publiques qui exigeaient la présence de 40 % de la population adulte. Les projets au niveau du village habituellement sélectionnés étaient : la (re)construction des salles de classe, d'une adduction d'eau ou d'une route. Au niveau communautaire, les projets habituels étaient la (re)construction d'une école, d'une salle de réunion communautaire ou d'un pont ou/et la réhabilitation d'une route. Une des principales stratégies du programme était le renforcement des capacités des membres des comités villageois. Les membres des comités étaient régulièrement formés soit sur le programme IRC-Tushiriki (y compris ses protocoles) soit sur la gestion des finances des projets du programme (y compris les pratiques de gouvernance). En plus des formations formelles, il y avait des formations informelles sur la gestion et l'assistance technique par le personnel de terrain.

Le comité de village était également responsable de la mise en œuvre du projet du fait qu'il avait la charge de recruter des techniciens locaux pour la (re) construction des infrastructures. Il s'agissait de mobiliser les résidents pour qu'ils contribuent à l'effort de reconstruction, par exemple, en transportant du sable, des moellons et des briques. Le comité devait rendre compte tant au personnel de programme qu'aux résidents. Il est remarquable que les comités qui étaient élus n'aient pas intégré l'élite dirigeante. De manière générale, les comités étaient composés d'une sous-strate de l'élite, à savoir ceux qui ont étudié et tenant par exemple un poste d'enseignant.

A côté du comité de village, une équipe composée d'une femme et d'un homme, appelée *requa* (relais qualité), servait de liaison entre les membres du comité et la population et agissait comme 'chien de garde' dans la mise en œuvre du projet par le comité. En même temps, d'autres acteurs tels que l'IRC-Tushiriki (par exemple, Catholic Relief Services, Malteser International, l'UNICEF/AVSI, etc.) ont exécuté des projets de reconstruction dans la même zone, utilisant des méthodologies différentes qui ne mettent pas l'accent sur l'aspect de la gouvernance. La coordination du programme Tushiriki était basée à Bukavu. Pour la composante développement communautaire, un superviseur de territoire était assisté par deux chargés de développement, six agents de développement et de deux techniciens. En outre, il y avait un gestionnaire de programme, assisté par trois conseillers techniques, qui administraient la composante société civile.

2.1.2. Le renforcement des capacités

Le renforcement des capacités des bénéficiaires locaux était une stratégie centrale dans le programme Tushiriki, comme dans de nombreux programmes de reconstruction dirigée par la communauté. Tenant compte de notre argument dans ce chapitre, il est important de discuter brièvement le renforcement des capacités et le concept apparenté de développement des capacités. Dans son essence, le renforcement des capacités est tourné vers l'avenir : plutôt que de soulager les besoins immédiats ; il vise à améliorer les capacités de résolution des problèmes dans l'avenir. Le renforcement des capacités implique généralement plusieurs types d'interventions : assistance managériale, formation et/ou assistance technique (De Vita and Fleming 2001:39). La popularité du renforcement des capacités dans les programmes de développement a également engendré des critiques. On a fait valoir que le renforcement des capacités n'est souvent plus qu'un *buzzword*, c'est-à-dire un mot à la mode sans contenu substantiel, une alternative à consonance sérieuse de la « formation » (Eade 2007). Il a également été suggéré que le renforcement des capacités implique l'exercice du pouvoir (largement non reconnu), où les connaissances et l'expérience du facilitateur (souvent un intervenant extérieur) dominent les participants à la formation, dont les capacités ont besoin d'être améliorées (Girgis 2007:354).

Le développement des capacités est un concept plus large que celui de renforcement des capacités et renvoie aux capacités qui sont développées par les individus, les organisations, les institutions et les sociétés, tant individuellement que collectivement, pour la performance des fonctions, la résolution des problèmes, la définition et l'atteinte des objectifs. Cela implique que non seulement les individus développent des compétences (ce qui est le principal objectif du renforcement des capacités), mais que les conditions et l'environnement propice à l'utilisation productive de ces compétences soient réunies (Godfrey *et al.* 2002:356). Dans ce sens, le développement des capacités serait le résultat du renforcement des capacités, par lequel les communautés transféreraient les principes de gouvernance acquis au-delà du projet, c'est-à-dire dans leur vie de tous les jours. Dans le cas de Tushiriki, le développement des capacités visant principalement à développer les capacités des membres du comité à pratiquer de la bonne gouvernance et à travers eux, les capacités de la population en général de suivre la même pratique. Tel que nous argumenterons ci-dessous, le lien entre la formation des individus et l'ambition d'améliorer les capacités de résolution des problèmes des sociétés locales, n'était pas adéquatement pris en considération.

2.1.3. La bonne gouvernance dans la CDR

Depuis qu'un rapport de la Banque Mondiale de 1989 a défini les problèmes de développement de l'Afrique comme une crise de la gouvernance, la notion de « bonne gouvernance » a largement été adoptée (Mkandawire 2007:679). Dans le domaine de la reconstruction et développement post-conflit, l'idée d'une bonne gouvernance a été fermement adoptée en tant qu'une réponse aux échecs de gouvernance qui ont été vus comme à la base de ces conflits et une voie prometteuse pour la reprise de la société. Les programmes CDR en Asie et en Afrique comprennent souvent la bonne gouvernance au niveau local comme un objectif explicite, en mettant l'accent sur deux grands principes : la transparence et le rendre-compte. La reddition des comptes est une obligation de ceux qui sont dans les postes de responsabilité de renseigner et d'expliquer ce qu'ils sont en train de faire. Elle implique également l'application de la Loi, c'est-à-dire la capacité de la constituante d'imposer des sanctions aux détenteurs du pouvoir qui violent leurs obligations publiques (Ackerman 2004).

La transparence a trait à la gestion financière des projets et est la principale mesure pour empêcher l'accaparement des fonds par des particuliers. Ces deux mesures sont perçues comme limitant le risque d'accaparement des ressources par les élites et le détournement des fonds hors des besoins localement ressentis. D'autres caractéristiques d'une bonne gouvernance fréquemment mentionnées dans les programmes de reconstruction post conflit sont l'engagement citoyen, l'égalité, l'inclusion sociale (genre, ethnicité, âge, religion, etc.), le comportement honnête et éthique, l'équité (procédures équitables et régulières), le partenariat, la durabilité et la primauté du droit. Comme le montre le Tableau 2.1, le noyau de la bonne gouvernance se composait de 4 à 6 valeurs clés, qui ont été consignées à des degrés variables dans les différents modules de formation.

Dans le cadre des programmes de reconstruction post-conflit, la « bonne gouvernance » est généralement conceptualisée comme quelque chose qui ne fait pas déjà partie de l'organisation sociale locale. En partie, parce que les formes traditionnelles et d'avant la guerre de gouvernance, sont comprises comme exclusives ou despotiques. Aussi en partie, parce que les années de violence sont perçues comme ayant érodé n'importe quelle forme de gouvernance fonctionnelle qui aurait pu être en place. La « bonne gouvernance » est ensuite présentée comme un effort visant à corriger les erreurs antérieures et à soutenir les sociétés dans l'élaboration d'une gouvernance effective dans l'avenir, d'une manière qu'elles n'auraient pas pu la concevoir elles-mêmes. Une critique croissante est de traiter les sociétés post-conflit comme une page blanche, malgré l'insistance qu'il est plus efficace de travailler « avec ce qui est là » (Cramer 2006; Barakat and Zyck 2009; Hilhorst *et al.* 2010). En pratique, de nombreux programmes CDR optent pour l'introduction de nouvelles institutions (telles que les comités au niveau du village ou de la communauté) et de nouvelles règles de jeu (liées à la sélection des projets, à la mise en œuvre et la gestion financière).

Comme l'a expliqué la coordonnatrice du programme Tushiriki, elle a perçu le développement des capacités des communautés à travers le programme comme une nécessité pour parvenir à de bonnes décisions du projet pour la reconstruction (une analyse sophistiquée de besoins). C'est aussi une opportunité pour les gens concernés « de vivre l'expérience de rendre-compte démocratique, au moins pour une fois dans leur vie ».[1] Dans le Programme Tushiriki, la création des comités était une tentative pour éviter son accaparement par les élites traditionnelles. Comme nous l'expliciterons ci-dessous, cela impliquait de créer un espace pour une sous-strate des élites, à savoir ceux qui avaient étudié et occupaient par exemple un poste d'enseignant. Ceci a également signifié que l'impact durable des efforts de renforcement des capacités a été limité.

2.1.4. Méthodologie de la recherche

Ce chapitre décrit la recherche basée sur l'*aidenographie*, c'est-à-dire une enquête ethnographique sur des relations d'aide au développement. Stichting Vluchteling voulait obtenir le suivi qualitatif du programme par ce projet de recherche indépendante. De 2008 à 2010, nous avons fait, entre autres, l'observation participante couplée d'interviews semi-structurées avec des acteurs impliqués dans l'exécution du projet CDR dans notre milieu d'étude à l'Est de la RDC. Dans ce chapitre, nous examinons le renforcement des capacités dans 34 comités de développement villageois qui faisaient partie des 8 comités de développement communautaire dont 4 dans la chefferie de Burhinyi et 4 dans la chefferie de Luhwindja. Pour analyser le contenu de la formation et le renforcement des capacités du programme Tushiriki, nous avons fait une analyse documentaire des 16 modules de

[1] Interview avec le manager du projet IRC-Tushiriki, Décembre 2008, Bukavu.

formation et ateliers (voir Tableau 2.1), qui ont été tenus soit par l'équipe du programme de développement communautaire soit par l'équipe de la société civile (voir Tableau 2.2). Dans cette analyse, nous avons eu un regard sur la cohérence des principes de gouvernance à travers des modules de formation. En outre, nous avons fait le travail de terrain au cours duquel nous avons observé les processus dans les sessions de formation, des ateliers et des séances de sensibilisation réalisées au cours de la mise en œuvre du programme. En même temps, nous avons participé à la vie quotidienne de la population du milieu.

Table 2.1: *Modules de formation et principes locaux de bonne gouvernance dans Tushiriki*

Modules de formation N=11	**Catégoriser la 'gouvernance locale' N=16**	**Classer les principes de bonne gouvernance/signification leur attribuée N=16**
n (%)	n (%)	n (%)
Pour membres du comité (CDV, CDC) 6(54,5)	gouvernance démocratique, bonne gouvernance 6(37,5)	classifications insistant sur les 6 principes mentionnés dans le guide du facilitateur (document original de formation) 1(6,3)
Guide facilitateur pour atelier formation/ introduction au Tushiriki 2(18,2)	principes guide pour gérer les fonds communautaires 8(50,0)	classifications incluant la transparence et le rendre-compte comme principes de bonne gouvernance 13(81,3)
Autres (pour *requa*, équipe électorale et conseil consultatif) 3(27,3)	autre (pas de catégorie spécifique) 2 (12,5)	inconsistence dans les classifications insistant sur les 4 principes majeurs de bonne gouvernance (transparence, rendre-compte, représentativité et inclusion) 12 (75,0)

CDV: Comité de Développement du Village; CDC : Comité de Développement Communautaire ; *Requa* (Relais qualité) : un organe composé d'un homme et d'une femme, qui sert de liaison entre comité et population d'un village.

Nous avons étudié comment le contenu des modules de formation ont été utilisés par les membres des comités et comment eux-mêmes et les communautés locales plus généralement, développaient une compréhension et la pratique des principes de gouvernance au sein et en dehors du programme Tushiriki. Nous avons observé 11 sessions de formation, qui représentaient 40 % du nombre total de sessions de formation tenues dans la zone au cours de la période de la collecte des données sur le terrain.

Tableau 2.2: *Formations, ateliers et sensibilisations à Burhinyi, Luhwindja & Kaziba, 2008 à 2010*

Formateur N=11	**Lieu N=11**	**Année N=11**	**Thème N=11**	**Durée (en jours) N=11**	**Groupe cible N=11**
n (%)	n (%)	n (%)	n (%)	n (%)	n (%)
Agents et chargés de développement 6(54,5)	Burhinyi 7 (63,7)	2008 1(9,0)	planification et formations (comité initial, finance) 6(54,5)	3 1(9,0)	membres comités/ étudiants 7 (63,6)
Staff société civile et/ou partenaire 3(27,3)	Luhwindja 3(27,3)	2009 9(82,0)	bonne gouvernance, plaidoyer et sujets relatifs 3(27,3)	2 5(45,5)	staff de terrain 2(18,2)
Formateur des formateurs 2(18,2)	Kaziba 1(9,0)	2010 1(9,0)	protocoles IRC-Tushiriki 2(18,2)	1 5(45,5)	autorités locales 2(18,2)

En plus de l'observation participante, nous avons réalisé 113 entretiens individuels et de groupe qui étaient directement liés aux activités de renforcement des capacités du programme. Nous avons fait ces 113 entretiens avec le personnel senior et de terrain du programme, les membres du comité, les résidents et les représentants d'Organisations Non-Gouvernementales (ONGs), qui opéraient dans la zone pendant la même période d'étude.

Nous avons ainsi analysé l'ensemble de la chaîne du renforcement des capacités, en commençant par la façon dont le contenu du renforcement des capacités a été défini par le programme, comment il a été mis en œuvre en pratique et enfin, comment les participants provenant des communautés ont perçu les activités de renforcement des capacités et ce que les principaux extrants et les résultats de l'intervention ont été en termes de connaissances et de pratiques de la gouvernance.

2.2. Résultats

2.2.1. Contenu des ateliers de formation et des sessions de sensibilisation

Au sein du programme Tushiriki, la formation a été une stratégie clé pour réaliser les objectifs de renforcement des capacités et de bonne gouvernance. Notre discussion du processus de renforcement des capacités commence par une analyse du contenu des manuels qui ont été utilisés pour former les membres du personnel et du Comité sur la signification et l'importance de la bonne gouvernance dans le développement local (Cfr. Tableau 2.3).

Tableau 2.3 : *Interface agents de terrain et participants aux formations et ateliers*

formations et ateliers	*considération par les participants*	*comment ils doivent être compris*
Si un projet sélectionné n'est pas approuvé par la majorité des résidents, IRC-Tushiriki ne le financera pas.	une règle générale dans le programme	(i) vous apprenez à exercer démocratiquement vos droits des citoyens; (ii) un projet choisi devrait refléter les besoins de la majorité afin de prévenir les conflits à l'avenir; (iii) il s'agit de la représentativité et de l'inclusion en tant que principes de gouvernance; (iv) il s'agit également de la transparence et de la responsabilisation lors d'une réunion publique.
la non justification de la première tranche empêche le versement de la tranche suivante.	une règle générale dans le programme	(i), il s'agit de la responsabilisation au sujet de l'argent; (ii) les résidants apprennent à mieux gérer l'argent dans le programme et au-delà; (iv) les personnes qui font la mégestion du financement doivent être punies.
Si un participant est absent le jour de la formation, il ne devrait pas recevoir les 4$ pour la nourriture à l'heure du dîner.	une règle générale dans le programme	(i) c'est la transparence du côté des règlements du programme; les participants à la formation apprennent à respecter strictement les règlements (par exemple, de l'État et d'autres règlements); (ii) il s'agit du respect des règles qui est un principe de gouvernance.
Chaque membre du Comité doit savoir ce que tout le monde y fait.	une règle générale dans le programme	(i) pourrait être illustré comme un exemple de transparence et de responsabilisation horizontale où l'information sur le projet circule et les réponses aux questions sont données au sein d'un Comité; (ii) ils ont appris cette pratique au-delà de l'IRC-Tushriki aussi.
Chaque dépense doit suivre les lignes budgétaires du CDV; Sinon, l'argent est a rembourser de poursuivre le financement du projet.	une règle générale dans le programme	(i) illustration de l'application de la loi lors de l'application de la rédevabilité (c.-à-d. sanction pour ceux qui ont volé de l'argent du projet communautaire); (ii) les participants à la formation apprennent cette valeur à l'intérieur et à l'extérieur du programme; ils apprennent à combattre la corruption et la mégestion des ressources publiques.
L'argent du blanc nécessite un rapport.	une règle générale dans le programme	i) les résidents devraient être responsables de tout financement, tant à l'intérieur qu'à l'extérieur des interventions d'aide; C'est l'une des pratiques que les participants à la formation apprennent dans le programme.
Le Comité doit tenir une Assemblée générale et produire son rapport avant le décaissement suivant.	une règle générale dans le programme	(i), il s'agit de la transparence et de la rédevabilité en matière de gestion de projet; (ii) veiller à ce que tout le monde (y compris les résidents) comprenne de la même manière que l'argent reçu est mieux géré; (iii) les participants à la formation (y compris les résidents) apprennent cette valeur à l'intérieur et au-delà de l'intervention.
Le village cible reçoit l'appui de 3000 $US dans le programme IRC-Tushiriki pour la transparence; d'autres organismes devraient le faire.	une règle générale dans le programme	(i) les gens apprennent davantage de transparence du côté des organismes d'exécution; (ii) les résidents peuvent exiger cette information à d'autres organismes, mais le résultat dépend des relations de pouvoir entre ces organismes et les résidents; les résidents apprennent la transparence sur l'argent à l'intérieur et au-delà des interventions d'aide.
Attention à ceux qui peuvent entraver un projet de Réhabilitation comme les voleurs, les soldats démobilisés et les politiciens.	une règle générale dans le programme	(i) ceux qui peuvent entraver un projet sont les détenteurs de pouvoir tels que les chefs, les chefs d'église et d'autres élites locales dumilieu ; (ii) ils doivent être identifiés et savoir comment les traiter; (iii) ils peuvent utiliser positivement ou négativement leur pouvoir; ils ne sont pas nécessairement des étrangers d'une communauté.

Les sessions de formation, les ateliers et les sessions de sensibilisation contiennent trois thèmes étroitement liés :

1) les principes de gouvernance locale, 2) leur application dans la gestion des finances et 3) les thèmes complémentaires liés à l'exécution du projet. Les grands principes de la gouvernance locale telle que définie dans le programme étaient la transparence, le rendre-compte, la représentativité et l'inclusion. D'autres principes définis dans les modules de formation ont été la participation, l'honnêteté, le respect des règles, la ponctualité, la régularité, la flexibilité, la collaboration, l'intégrité, le respect et la conscience de ses droits. Ces principes ont été traduits en règles à suivre strictement dans la gestion des Finances du projet et dans le cycle des projets de reconstruction (voir Tableau 2.3). Enfin, les modules faisaient aussi une attention sur un éventail de thèmes complémentaires liés aux aspects généraux de la décentralisation, des principes de bonne gouvernance, de planification participative et de durabilité des projets, l'expropriation pour l'utilité publique, les mécanismes des compétences, d'organisation judiciaire, de prévention des conflits, etc.

De prime abord, les modules utilisaient une multiplicité de termes. Le nombre des principes locaux de bonne gouvernance locale a varié dans les modules de quatre à cinq et même à six. Lorsque le module de formation mentionnait quatre principes, ceux-ci étaient souvent la transparence, le rendre-compte, l'inclusion et la représentativité, tandis que d'autres remplaçaient la représentativité par l'honnêteté. Là où un cinquième principe était ajouté, c'était la participation ou le respect des règles.

Une seconde observation est que les modules montraient des variations dans les significations attribuées à certains de ces principes ; il y avait une certaine confusion dans la terminologie. Par exemple, dans le module de formation sur la gestion financière pour les membres des comités de développement du village (CDV), la transparence a été décrite comme la provision de l'information aux autres membres du comité et les membres de la communauté sur le progrès au sein du projet. Et cela y compris les aspects financiers, lorsque cela est nécessaire. Ailleurs, le terme a été également défini comme la nécessité de garder tous les reçus afin d'expliquer le déroulement de la gestion du projet à n'importe quel membre de la communauté qui en ferait la demande. Les modules décrivent les principes mais ne donnent pas de conseils sur la manière dont la population bénéficiaire devrait avoir accès aux informations liées au projet.

L'observation la plus frappante est que les modules ne faisaient aucune tentative de lier les principes de bonne gouvernance aux pratiques existantes de rendre-compte au sein et entre les citoyens et les élites à l'Est de la RDC. C'est comme si les modules supposaient que tout d'abord, il n'y avait aucun système de rendre-compte au niveau local. Par conséquent, les modules ne faisaient aucune connexion aux normes et aux pratiques existantes de reddition des comptes (Kyamusugulwa 2014a; Kyamusugulwa *et al.* 2014b; Kyamusugulwa 2018) et étaient déconnectés de la vie quotidienne de la population locale. Ce qui a été une occasion manquée d'améliorer la reddition des comptes et par conséquent, a limité la durabilité des interventions. Les incohérences dans l'ensemble des modules peuvent s'expliquer par la façon dont ils étaient produits. La plupart des modules étaient écrits par le personnel local sur base d'un certain nombre de modules principaux écrits en Anglais par la direction du programme. Par conséquent, ils reflétaient plus fortement le discours de politique générale sur la bonne gouvernance que les réalités locales sur le terrain. La production des modules était supervisée par la direction de l'organisation, mais la cohérence était entravée par le fait que la plupart des membres du personnel expatrié n'utilisait pas couramment le Français écrit et qu'il y avait une rotation fréquente du personnel international chargé de ces processus.

2.2.2. La formation des formateurs

La formation des formateurs de terrain était supervisée par un des membres du personnel senior du programme Tushiriki, qui était le gestionnaire adjoint chargé de la formation dans les quatre zones cibles du programme. Il était diplômé en pédagogie appliquée et s'est familiarisé avec le travail basé sur la communauté pendant deux ans avant de travailler avec l'IRC. Habituellement, la formation durait un ou deux jours et était faite pour sept membres du personnel de terrain à la fois. Il s'agissait d'agents nouvellement recrutés et, occasionnellement, pour le personnel en place, dont les protocoles étaient substantiellement modifiés. La plupart des membres du personnel de terrain détenait un diplôme d'études supérieures en développement rural de l'Institut Supérieur de Développement Rural de Bukavu.

La formation comprenait différentes composantes, en commençant par les aspects méthodologiques de la facilitation. En second lieu, l'attention était accordée au contenu de la formation afin que les animateurs puissent comprendre les choix et les préférences du programme. En troisième lieu, l'attention était accordée aux protocoles du programme. Par exemple, il était stipulé que le personnel de terrain devrait visiter les projets éventuels avant le jour de sélection des projets et demander l'avis du technicien en développement quant à la faisabilité technique et financière du projet proposé. Enfin, la formation accordait l'attention aux moyens de faire face à la dynamique du pouvoir dans les interventions du projet. Par exemple, il était conseillé aux participants à la formation d'approcher indirectement les autorités au cas où elles étaient hostiles au projet. Cela pourrait être fait, par exemple, en parlant d'abord à l'épouse du *Mwami* (roi) plutôt que directement au *Mwami*. La formation était basée sur les jeux de rôle, les participants agissaient en tant que membres du comité de développement communautaire (CDC).

Le programme de formation était intense et difficile à absorber en un ou deux jours. La formation n'était pas censée être un événement autonome. Le superviseur de territoire du programme, en charge de la gestion du personnel de terrain, s'assurait que les messages de la formation étaient souvent répétés au cours des réunions où le travail de terrain était rapporté. Dans toutes ces réunions, des discussions sur les protocoles de développement communautaire étaient répétées. Les membres du personnel de terrain montraient au cours des entretiens qu'ils avaient en effet assimilé le contenu de la formation. Bien que la formation fût effective dans de nombreux endroits, il y avait aussi des cas, par exemple à Burhinyi où la formation était retardée jusqu'après que les villages aient sélectionné des projets. Il y avait aussi une nette différence dans la qualité des formations tenues dans les villages selon l'expérience des formateurs.

2.2.3. La formation des membres des comités

Les sessions des ateliers de formation et des ateliers de sensibilisation étaient tenues avec les comités des villages et des communautés et duraient d'un à trois jours. Elles étaient généralement facilitées par deux membres du personnel de terrain, l'un comme formateur principal et l'autre comme chargé de la logistique. La formation réunissait les membres du comité, des hommes et des femmes en nombre égal, de deux ou trois villages d'une même zone. Les participants rentraient à la maison tous les jours ; ce qui raccourcissait les jours de formation, car la distance depuis le centre de formation jusqu'au village était parfois considérable. Les sessions commençaient par une prière exécutée par un des participants, préférablement un pasteur. Après cela, les codes de conduite pour la session étaient discutés et actés. Pendant les jours de formation, les participants chantaient une chanson qui répétait les trois objectifs de la composante développement communautaire (bonne gouvernance, amélioration socio-économique et cohésion sociale).

Le matériel pédagogique principal était le tableau à feuilles mobiles sur chevalet. Il y avait aussi des modules imprimés, mais ceux-ci n'étaient généralement pas en nombre suffisant pour les participants, et seuls quelques-uns pouvaient obtenir des copies des modules à ramener à la maison après la formation. Les textes écrits étaient en Français-Kiswahili, alors que les discussions avaient lieu en Kiswahili ou en *Mashi*. Nous avons observé que la participation des membres du comité au cours de ces formations se limitait à poser des questions et il était remarquable que la plupart des questions portaient sur les aspects pratiques des projets de reconstruction. Aucune tentative n'était faite pour relier la formation avec la vie quotidienne des participants.

Il y avait des formations spécifiques consacrées à la gestion financière : les membres du comité ont dû apprendre les procédures pour la gestion des fonds du projet. Cela comprend, par exemple, l'observation stricte des budgets, l'identification de la personne responsable de toutes les transactions monétaires et l'identification de la personne responsable de faire rapport sur toutes les transactions et pour garder les reçus et documents. Les membres du comité apprenaient à tenir les livres de caisse et faire le rapport financier au programme Tushiriki. L'accent était mis sur l'obtention des reçus pour chaque dépense. Les participants ont appris que si un membre du comité ou un groupe de membres volait les fonds du/des projet(s), il lui /ou leur serait demandé de rembourser ces fonds avant que le projet puisse continuer. Au niveau communautaire, la formation était plus élaborée et incluait, par exemple, l'utilisation d'une banque. Un autre point important dans la formation était lié à l'achat des matériaux pour la construction, comment garantir la fiabilité des fournisseurs et la gestion des stocks. Il y avait des règles strictes à suivre ; par exemple, il était interdit aux membres du comité d'acheter du matériel auprès de leurs proches. Enfin, l'attention était accordée aux principes et aux pratiques de contribution locale, ce qui était censé être une valeur de 10 % du budget, sous forme de labeur, argent ou moyens de transport.

Nous avons observé qu'il y avait un accent mis sur le transfert des connaissances au sujet de la gestion du projet au détriment des discussions sur la bonne gouvernance. Les sessions de formation accordaient l'attention aux principes du programme Tushiriki, mais une attention insuffisante était accordée à la façon dont les gens pourraient appliquer ces connaissances dans leur vie quotidienne ou en dehors de l'intervention de Tushiriki. En conséquence, ces principes étaient perçus par les participants à la formation comme des règles spécifiques du programme plutôt que des valeurs qui pourraient ordonner leurs interactions quotidiennes. Ceci a été renforcé par le fait que les habitants étaient découragés de mobiliser des ressources par le biais de leurs réseaux familiaux ; ce qui, du point de vue de la transparence, était suspect.

Le manque d'exemples concrets et de discussion au-delà du transfert de connaissances était en partie lié à la mauvaise gestion du temps et, dans certains cas, au manque de compréhension des principaux concepts discutés de la part de l'animateur. Certaines séances étaient fortement dominées par des exposés, suivis de questions / réponses, plutôt que par des carrefours de discussion entre les participants. Bien que les participants soient autorisés à prendre la parole lors de l'atelier, ils n'étaient pas vivement encouragés à le faire.

En outre, nous avions souvent observé que la formation avait tendance à se détourner des questions sensibles. Par exemple, lors d'une session de formation à Luduha / Luhwindja quand ils devaient citer les gens susceptibles de nuire au projet en exerçant négativement leur pouvoir, l'animateur n'avait pas donné l'espace aux participants d'identifier ces personnes dans leur propre contexte local. Il a plutôt fait référence aux détenteurs de pouvoir, tels que les voleurs, les rebelles démobilisés et des politiciens, qui n'étaient pas représentés parmi les participants et dans leurs villages. Le débat sur les chefs, les dirigeants de l'église et les gens instruits, qui pourraient nuire réellement à la mise en œuvre du projet était escamoté. Certaines de ces catégories d'acteurs étaient présentes à la session de formation, et l'animateur avait choisi de ne pas les confronter directement ; un point pour lequel nous reviendrons plus tard.

2.2.4. Gestion et assistance technique

Au-delà de la formation, le renforcement des capacités a pris forme dans l'accompagnement et le suivi de la gestion de projet. Les personnels de terrain étaient tous formés pour assister les membres du comité dans le rapportage, la planification et la budgétisation des projets de reconstruction. Un aspect important des visites des personnels aux sites était la vérification des procédures pour corriger toute erreur afin que les membres du comité apprennent par la pratique. L'assistance prenait la forme d'entretiens ou de supervision deux ou trois fois par semaine.

Les personnels de terrain de Tushiriki facilitaient également l'identification des besoins au cours des rencontres avec la population et de l'élaboration du plan de développement communautaire. Bien que les gens aient estimé les coûts et les matériaux, un appui technique considérable était fourni par le personnel de terrain. Ce personnel appuyait davantage les membres du comité à mobiliser les gens pour des réunions publiques et encourageait les contributions locales grâce à la participation des chefs locaux et des dirigeants de l'église.

Les techniciens de Tushiriki visitaient régulièrement des projets d'infrastructure pendant la construction. Par exemple, en juin 2009, quand nous avions visité l'école primaire de Mugurhu au village de Citudu à Burhinyi, nous avions rencontré un technicien de Tushiriki assurant le suivi de la construction. Le technicien avait demandé, lors d'une visite antérieure, à la communauté de démolir un des murs nouvellement construits, parce qu'il n'était pas conforme aux normes du programme. Lors de cette visite, il revenait pour vérifier si le mur de la salle de classe était déjà reconstruit. Les communautés locales pouvaient également signaler des problèmes de matériaux ou de procédures lors des visites du personnel.

Les représentants des prestataires impliqués dans les travaux de reconstruction nous avaient dit qu'ils considéraient le personnel du programme et les membres du comité d'être capables de contrôler la construction de l'infrastructure. En revanche, nous avons également constaté des cas où il est apparu que l'entrepreneur embauché pour le projet de reconstruction avait le contrôle de la gestion du projet. Dans certains cas, le programme était plus dirigé par le contractant que par la communauté. Il en est résulté le désengagement du côté des membres du CDC.

Quand on regarde la réalité quotidienne de la mise en œuvre du projet, il semble que l'attitude du personnel et des entrepreneurs ait été orientée vers la finition de l'infrastructure plutôt que de faciliter un processus d'amélioration d'un projet géré localement. Les connaissances acquises sur la gestion de projet et la bonne gouvernance semblent passer au second plan.

2.2.5. Perceptions sur le terrain

Le renforcement des capacités a été vécu différemment entre les membres du comité qui recevaient la formation et les membres des communautés qui participaient aux projets de reconstruction. Plusieurs membres du comité étaient enthousiastes de la formation, parce qu'elle leur permettait de mieux gérer les projets. Cependant, ils étaient aussi motivés par l'indemnité de repas de 4 $ US, qu'ils percevaient comme une rémunération. Bien qu'officiellement les membres du comité ne recevaient aucun salaire du projet, ils voulaient être payés pour les activités du programme auxquelles ils participaient ; considérant que le programme les traitait comme des bénévoles, ils se considéraient comme des travailleurs embauchés par le programme.

Bien que les activités de formation soient limitées aux membres du CDV et du CDC, il y avait des efforts pour sensibiliser l'ensemble de la communauté. Par exemple, les messages et rapports sur l'avancement du projet étaient affichés dans la communauté. Toutefois, ils ne pouvaient pas être lus par beaucoup de gens et furent généralement déchirés ou soufflés par le vent, juste quelques heures après l'affichage. Certaines séances de sensibilisation étaient organisées au niveau de villages, où l'enseignement sur la bonne gouvernance était annoncé à travers un mégaphone dans un espace public. Cependant, leur efficacité était très limitée. Elles souffraient du manque de ressources en couvrant moins de 10 % de la zone cible, elles manquaient de professionnalisme, elles restaient superficiels et elles n'étaient pas du tout pratiques. Ces séances de « sensibilisation » étaient inutiles aux yeux de la plupart des membres des communautés et la plupart des répondants ne s'en souvenaient pas. Au village Kabingu I, une femme de 30 ans avait exprimé son mécontentement envers la formation en comparant la CDR avec un autre projet dans la région, mis en œuvre par l'ICCO/CAB[2], qui n'avait pas d'objectifs supplémentaires de bonne gouvernance :

« A Cishali, ICCO/CAB a construit une belle école primaire dans quelques mois, alors que l'IRC a pris un an. Ils ont eu beaucoup de réunions sans aucune réalisation. CAB n'a pas formé les gens ni organiser des rencontres. Dans Tushiriki, seulement les membres CDV sont formés et ils sont probablement payés. La population ne bénéficie pas de ces sessions de formation fréquentes, comment sont-elles utiles pour nous ? ».

Comme cette citation le révèle, les communautés locales étaient au courant de certaines dynamiques du projet, largement communiquées au nom de la transparence, en particulier le fait qu'il y avait 3 000 $US disponibles à cette fin. Parce que les gens n'étaient pas bien informés sur l'ensemble du projet, ce peu de connaissance a conduit à beaucoup de mécontentements et de nombreuses rumeurs. Dans un grand nombre de villages ciblés, il était difficile de mobiliser les gens qui devaient fournir du travail, parce qu'ils croyaient que les membres du comité devraient faire le travail et qu'ils étaient payés dans le cadre du programme. Les habitants étaient principalement intéressés par les projets et n'étaient pas beaucoup préoccupés par les aspects de renforcement des capacités ou par les objectifs de gouvernance. Ils valorisaient l'IRC pour la reconstruction de l'infrastructure plutôt que pour la gouvernance locale. Une partie de l'explication à cela est

[2] ICCO : est l'organisation inter-églises pour la coopération au développement. Voir http://www.ICCO.nl; CAB : Comité Anti-Bwaki. CAB comme organisation non gouvernementale nationale avec siège à Bukavu Sud-Kivu RDC a exécuté le projet de reconstruction sous le financement d'ICCO.

que le formateur des formateurs et les formateurs des membres du comité avaient mis davantage l'accent sur les infrastructures que sur la gouvernance et que la sensibilisation au niveau du village avait à peine pris forme. En outre, il semble que l'objectif de la gouvernance portait sur un « besoin-sans-demande ». Pour n'avoir pas connu ce type de gouvernance avant, les gens n'avaient pas d'attentes concernant les objectifs de gouvernance du programme.

2.3. Analyse

Cette dernière partie du chapitre analyse les effets de gouvernance de la composante de renforcement des capacités du programme CDR et examine un certain nombre de facteurs ayant contribué à l'impact limité sur la gouvernance.

2.3.1. Les membres du comité en tant qu'acteurs de la gouvernance locale

Selon les données de terrain, il est devenu clair qu'il y avait un niveau variable de restitution de la formation. Les comités de développement du village se composaient généralement d'un mélange de gens instruits, comme les enseignants ou les animateurs de l'église et les gens analphabètes. Nous avons trouvé que les participants analphabètes, souvent des femmes, étaient confrontés à des difficultés avec la formation et ne se rappelaient pas d'une grande partie de son contenu. Parmi les membres du comité instruits, nous avons trouvé généralement que la prise de conscience des principes de bonne gouvernance avait retenti dans la mise en œuvre des projets. Il y a, par exemple, certains cas où la mauvaise gestion de l'argent a donné lieu à des procédures de reddition des comptes et l'argent devrait être restitué. Toutefois, cette redevabilité n'était pas appliquée par les membres des communautés, mais par le roi, les autres membres du comité et certains travailleurs impliqués dans la réhabilitation des routes.

Plutôt qu'une tendance au rendre-compte de haut-en-bas – tel que le visait le programme –, ce sont des instances de rendre-compte horizontal et de bas-en-haut qui ont émergé. Autant que les principes de bonne gouvernance étaient adoptés dans la communauté, cela n'impliquait pas les plus pauvres. Tandis que ceci avait contribué à un écart croissant entre les élites et les résidents analphabètes (Cleaver 2005), il pourrait également être perçu comme un résultat positif pour la communauté dans son ensemble que les principes de gouvernance étaient devenus partie intégrante du processus de négociation entre élites.

2.3.2. L'évitement des effets sur la gouvernance

Nos observations de la pratique quotidienne du programme nous amènent à conclure que s'il y a une chose, les effets sur la gouvernance sont évités plutôt qu'encouragés par le personnel local. À cet égard, il y a deux arguments : un lié à la dynamique interne du projet et l'autre à la dynamique interne communautaire. La formation effective des formateurs a été affectée par le manque d'uniformité dans les modules, les aspects de gestion du temps et des ressources didactiques et l'échec du programme de formation à fournir, dans certains cas, les opportunités de discussion et de participation active. Plus important encore, le programme n'a pas donné au personnel des mesures incitatives pour mettre l'accent sur la bonne gouvernance. La formation des formateurs a souligné les aspects du contenu du programme plutôt que ceux de la gouvernance. En outre, les membres du personnel étaient beaucoup plus motivés pour s'assurer de la bonne reconstruction des infrastructures. Ils étaient impatients d'être considérés comme ceux qui avaient amené les projets dans la zone afin d'améliorer leur statut dans les communautés. Et, en fin de compte, leur rendement était évalué sur base du nombre et de la qualité des projets qu'ils avaient finalisés plutôt qu'avec leurs réalisations dans le domaine moins tangible de l'amélioration des pratiques de gouvernance.

Cette tendance est devenue claire au cours de la formation et encore plus au cours de l'exécution du projet. Le personnel qui était censé faciliter la gestion et les aspects techniques des projets était plus souvent enclin à prendre le contrôle direct des processus plutôt que de les faciliter. Dans d'autres cas, il a été constaté que les entrepreneurs, qui n'avaient pas fait partie de la formation, avaient assumé un rôle moteur dans le projet. La pression à mettre l'accent sur la réalisation des projets que sur la qualité de la gouvernance du processus a été renforcée après que la gestion du programme de l'IRC avait réalisé qu'il avait pris du retard dans la dépense des fonds ; ce qui les a contraint à accélérer les reconstructions.

En ce qui concerne la dynamique dans la communauté, nous avons également observé que le personnel esquivait la discussion des questions sensibles. C'est pour cette raison qu'ils ne parlaient pas des façons dont les élites pourraient spolier les projets. Dans certains cas, ils étaient peut-être préoccupés par les répercussions des détenteurs du pouvoir dans les communautés. En général, nous avons observé que les membres du personnel étaient souvent socialement proches des chefs traditionnels, des enseignants et des pasteurs qui composent la majorité des détenteurs du pouvoir et qu'ils n'étaient pas enclins à les confronter ou à leur déplaire. Alors que le programme introduisait des idées de bonne gouvernance dans la communauté et avait pour ambition de freiner l'accaparement des ressources par les élites ; en pratique, il l'a fait sans effectivement remettre en cause les « règles du jeu » ou les institutions existantes (Bastiaensen *et al.* 2005: 979). Plutôt que de voir cela simplement comme une limitation du programme, nous soutenons qu'il invite à réfléchir comment les élites – et la négociation entre élites – pourrait être exercée dans les mécanismes de rendre-compte au niveau local.

Les communautés locales n'ont pas plus pressé les membres du personnel pour une formation en gouvernance. Le programme représentait une sorte de besoins-offre-sans demande : « les lacunes de gouvernance », que le programme de reconstruction post-conflit visait à combler, n'étaient pas connues comme telles par la population. Par conséquent, elle ne pressait pas le personnel à répondre à ce besoin.

2.3.3. L'amélioration de la gouvernance en vase clos

Le programme Tushiriki n'a pas fonctionné en vase clos. La figure 1 illustre le complexe institutionnel dans lequel le programme a fonctionné. Outre les différentes autorités locales et les détenteurs de pouvoir, il y avait diverses autres interventions, comme l'ICCO/Comité Anti Bwaki (CAB) et l'UNICEF/AVSI, qui ont eu lieu dans la même zone. Chacune de ces interventions a été orientée vers la reconstruction, et toutes avaient leurs propres objectifs spécifiques, leurs propres méthodes de travail et leurs propres conditions pour s'engager avec la Communauté.

Figure 2.1: *renforcement des capacités et changement de comportement dans Tushiriki*

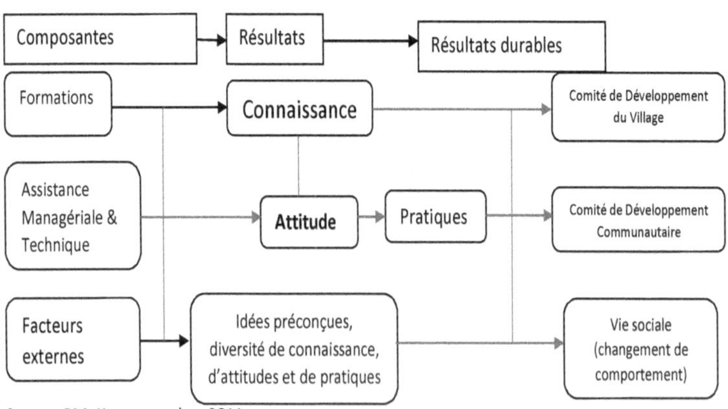

Source: PM. Kyamusugulwa 2011

Eade (2007) a fait remarquer que la formation peut réussir selon ses propres visées mais peut contribuer très peu pour permettre aux participants de changer leur réalité. Dans nos observations, il y avait peu de preuves de l'impact de la formation au-delà du programme Tushiriki lui-même. Bien que nous ayons trouvé que la gouvernance au sein du programme suivait souvent largement la formation, cela ne signifie pas que les gens changeaient leur comportement en dehors de celle-ci. L'exemple suivant en est illustratif. En novembre 2009, alors qu'une construction de la route était en cours dans le groupement de Birhala de la chefferie de Burhinyi au titre du programme Tushiriki, la même communauté était engagée dans la reconstruction de la route reliant Birhala à Tshishadu. Celle-ci était initiée par une organisation différente, et les gens ont assisté à des pratiques de corruption dans ce projet dans le recrutement des travailleurs de la route pour la construction. Pour être embauché comme un travailleur journalier dans la réhabilitation de la route, il fallait accepter de remettre au chef du groupement 1 dollar américain pour chaque journée de travail. Parce que le paiement était de seulement 4 USD par jour, il s'agissait d'un impôt de 25 % rien que pour le privilège d'être embauché. Fait intéressant, les mêmes personnes ont aussi participé à la mise en œuvre du programme Tushiriki dans la même région, où des telles pratiques ne seraient pas autorisées et seraient déclarées. L'incident montre que les gens n'étaient pas enclins à traduire les valeurs de gouvernance apprises durant la formation dans d'autres programmes ou d'autres domaines de la vie. Cela, parce que le développement des capacités des communautés locales en termes de telles valeurs a difficilement pris place malgré le programme intensif de renforcement des capacités.

Sans sous-estimer la complexité de l'apprentissage et les manières complexes à travers lesquelles les valeurs sont traduites en comportement en général, Tushiriki pouvait espérer être plus efficace s'il avait investi plus d'efforts dans l'intégration des autorités locales et de leurs institutions et la coordination avec d'autres agences. Si les règles d'engagement avaient été plus en harmonie – et en se concentrant sur les institutions qui sont effectivement là au niveau local (Bastiaensen et al. 2005: 990), les chances que la formation sur la gouvernance conduirait à des changements significatifs dans les valeurs et le comportement auraient été augmentées.

2.4. Conclusion

En conclusion, en regardant la chaîne de renforcement des capacités pour la gouvernance à travers la reconstruction, nous avons observé que malgré quelques difficultés, le renforcement des capacités a contribué à l'exécution du projet selon les valeurs de gouvernance prônées par l'approche CDR. La plupart des projets planifiés ont été exécutés avec une forte implication des résidents, y compris 25 classes et un bureau de directeur d'école, six projets locaux de routes et ponts et des projets d'adduction d'eau.

Néanmoins, le deuxième objectif du programme, concernant la promotion de la pratique de rendre-compte au-delà des projets, a connu moins de succès. Il y avait plusieurs facteurs moins incitatifs à l'amélioration de la pratique de rendre-compte : les modules de formation n'étaient pas uniformes et étaient déconnectés des pratiques locales existantes de reddition des comptes. Aussi, le personnel était plus motivé pour générer des projets et la performance du staff était mesurée en termes d'extrants des projets plutôt que des résultats intangibles de gouvernance. Du côté des résidents, notre étude a révélé que, comme la sensibilisation aux principes de gouvernance était limitée, la population percevait la formation sur la gouvernance comme une activité moins utile. Les habitants qui étaient faiblement informés sur les principes de la gouvernance ont attribué une plus grande valeur à la reconstruction des infrastructures, qui était palpable, plus que la gouvernance, qui était considérée comme intangible. Par conséquent, les comportements des populations en matière de pratiques de gouvernance existantes ont à peine changé.

En pratique, la mise en œuvre des projets prenait la forme dirigée par le personnel ou par l'entrepreneur que dirigée par la communauté. Là où les principes de gouvernance ont été respectés et le rendre-compte soutenu, cela fut promu dans le cadre du programme, et pas au-delà. Dans un tel programme, il est nécessaire de savoir comment le personnel traduit ces objectifs en réalités sur le terrain (Hilhorst and Schmiemann 2002). Après tout, le renforcement des capacités repose sur la qualité des animateurs. Comme cela a marché, les valeurs étaient considérées plus comme des règles spécifiques du projet Tushiriki, que comme des valeurs à prendre en compte plus largement. Cela était lié à l'absence d'efforts pour contextualiser ces valeurs et a été exacerbé par le fait que les autres programmes opérant dans les mêmes zones réalisaient des projets de reconstruction sans intégrer le rendre-compte, rendant les efforts de Tushiriki assez isolés.

Ce chapitre souligne que les processus de renforcement des capacités nécessitent plus d'attention et doivent être évalués de façon plus systématique. Les composantes de renforcement des capacités du programme Tushiriki étaient faibles et ont contribué au décevant manque d'évidence d'un changement significatif. Bien que le renforcement des capacités ne soit pas une panacée, il y a lieu de l'améliorer dans le programme CDR. Les pratiques de gouvernance peuvent être améliorées au-delà de ces programmes lorsque les dynamiques existantes dans les communautés sont prises en compte, y compris les normes et les pratiques dominantes de rendre-compte. Lorsque le contenu de la formation est cohérent et ajusté aux réalités locales, quand des stratégies incitatives sont mises en place pour promouvoir la délivrance de projet de rendre-compte en pratique. Et quand la coordination est assurée avec d'autres acteurs en ce qui concerne la promotion de la gouvernance dans le même milieu.

2.5. Références bibliographiques

Ackerman, J. (2004). 'Co-Governance for Accountability: Beyond ''Exit'' and ''Voice'', *World Development* 32(3): 447–463.

Barakat and Zyck. (2009). 'The Evolution of Post–conflict Recovery', *Third World Quarterly 30*(6):1069–1086.

Bastiaensen, J., De Herdt, T. et al. (2005). 'Poverty Reduction as a Local Institutional Process', *World Development* 33 (6):979–993.

Cleaver, F. (2005). 'The inequality of social capital and the reproduction of chronic poverty', *World Development* 33 (6): 893–906

Cliffe, S., S. Guggenheim, et al. (2003). 'Community-Driven Reconstruction as an Instrument in War-to-Peace Transitions', *Social Development Department: Environmentally and Socially Sustainable Development Network*, World Bank: 1–21.

Cramer, C. (2006). *Civil War is Not a Stupid Thing: Accounting for Violence in Developing Countries*, London: Hurst & Company.

De Vita, C. and C. Fleming. (2001). *Building Capacity in Nonprofit Organizations*. Washington, DC:The Urban Institute.

Eade, D. (2007). 'Capacity building: who builds whose capacity?', *Development in Practice* 17(4–5): 630–639.

Fearon, J., M. Humphreys, et al. (2009). 'Can Development Aid Contribute to Social Cohesion after Civil War? Evidence from a Field Experiment in Post-Conflict Liberia', *American Economic Review* 99(2): 287–291.

Fox, J. (2007). 'The uncertain relationship between transparency and accountability', *Development in Practice* 17(4–5): 663–671.

Girgis, M. (2007). 'The Capacity-building Paradox: using friendship to build capacity in the South', *Development in Practice* 17(3): 353–366.

Godfrey, M., Sophal, C., et al. (2002). 'Technical Assistance and Capacity Development in an Aid-dependent Economy: The Experience of Cambodia', *World Development*, 30 (3): 355–373.

Hilhorst, D.J.M. I. Christoplos and G. Van der Haar. (2010). 'Reconstruction from below: a new magic bullet or shooting from the hip?', *Third World Quarterly 31* (7), 1107–1124.

Hilhorst, D. and N. Schmiemann (2002). 'Humanitarian principles and organisational culture: the case of Médecins sans Frontières, Holland', Development *in Practice* 12(3 & 4): 490–500.

Humphreys, M., Sanchez, R. et al. (2012). *Social and Economic Impacts of Tuungane: Final Report on the Effects of a Community-Driven Reconstruction Program in Eastern Democratic Republic of Congo.* New York, Columbia University: 1–78.

IRC and CARE. (2009). *Les Protocoles de TUUNGANE en République Démocratique du Congo*, Version de Janvier 2009. Bukavu: 1–72.

Kyamusugulwa, PM. (2013). 'Participatory Development and Reconstruction: a literature review', *Third World Quarterly 34* (7): 1265–1278.

Kyamusugulwa, M.(2014a). 'Community-driven reconstruction: capacity building, accountability, power

holders, labour and ownership in the Eastern Democratic Republic of Congo'. Wageningen University, PhD Dissertation.
Kyamusugulwa, M. (2014b). Capacity builders for governance: community-driven reconstruction in the eastern Democratic Republic of Congo, *Development in Practice 24* (7): 812–826.
Kyamusugulwa, M., D. Hilhorst *et al.* (2018). 'Accountability mechanisms in community-driven reconstruction in eastern Democratic Republic of Congo, *Development in Practice* 28 (1): 4–15.
Mansuri, G. and V. Rao (2003). Evaluating Community-Based and Community-Driven Development: A Critical Review of the Evidence. *Development Research Group*. Washington, The World Bank: 1–54.
McBride, L. and N. Patel (2007). 'IRC's Approach to Community-Driven Reconstruction, A basic primer for first generation programming Designed for contextual adaptation', Version *2*: 1–36.
Mkandawire, T. (2007). 'Good governance': the itinerary of an idea', *Development in Practice* 17(4–5): 679–681.
Richards, P., K. Bah, et al. (2004). *The Social Assessment Study: Community-Driven Development and Social Capital in Post-war Sierra Leone*, World Bank: 1–75.
SV. and IRC. (2007). Annual Plan 2008: The First year of Rebuilding your Future *Community Driven-Reconstruction in Burundi and Democratic Republic of Congo: A framework towards poverty alleviation in post-conflict countries*. The Hague, Stichting Vluchteling: 1–15.

Photo 2.1 : *session de formation des membres du CDV, localité Kalambagiro, Burhinyi, Sud-Kivu*

Photo 2.2 : *discussion en groupe, atelier de formation des membres CDC, Luduha, Luhwindja, Sud-Kivu*

3. Mécanismes de rendre-compte dans la reconstruction communautaire à l'Est de la RDC

Patrick Milabyo Kyamusugulwa, Dorothea Hilhorst & Carolien Jacobs

3.1. Introduction

Le manque de rendre-compte est souvent considéré comme les racines profondes des conflits et, pour cette raison, beaucoup d'efforts de reconstruction après les conflits visent à accroître le rendre-compte entre les autorités et la population à travers des programmes de reconstruction dirigée par la communauté (CDR). Dans ce chapitre, nous examinons en détail les mécanismes de reddition des comptes qui ont été introduits dans le programme CDR connu sous le nom de Tushiriki à l'Est de la République Démocratique du Congo (RDC). Ces mécanismes comprennent des réunions publiques, l'affichage des rapports et le renforcement du rôle de 'chien de garde' de la société civile ou mieux le rôle *watch-dog*. Basé sur des entretiens semi-structurés et l'observation participante, nous avons trouvé peu d'impact des mécanismes formels de reddition des comptes dans le programme. Néanmoins, nous soutenons qu'il y a un degré de rendre-compte, qui avait pris forme différemment ; celui-ci ayant pris sa propre signification contextuelle. Pour une culture durable de rendre-compte, il y a besoin d'intégration plus forte et d'une traduction plus appropriée des concepts abstraits dans le contexte local.

Les interventions pour la reconstruction d'après-guerre épousent de plus en plus un engagement à être de bas-en-haut, contextuelles, au-delà des institutions de l'Etat et fournissant un espace pour l'appropriation locale (Hilhorst *et al.* 2010; Kyamusugulwa 2013a). Une des manifestations de cette tendance est la recrudescence des programmes CDR (Tanaka and Songco 2006). La reconstruction dirigée par la communauté est encouragée par la Banque Mondiale. Un de ses principaux partisans est l'International Rescue Committee (IRC), qui a exécuté de grands programmes CDR financés par DFID, entre autres, dans le contexte post-conflit du Libéria, de la Sierra Leone et de la République Démocratique du Congo (RDC) (Fearon, Humphreys et al. 2009; Casey, Glennerster *et al.* 2012; Humphreys, de la Sierra *et al.* 2012). Nombreuses autres Organisations Non-Gouvernementales Internationales (ONGI) ont développé des programmes participatifs pour la reconstruction basée dans la communauté, qui appliquent des méthodes de travail semblables à celles des projets CDR, bien qu'ils n'aient pas utilisé ce nom pour leurs projets.

Ces programmes de reconstruction de bas-en-haut combinent des objectifs de reconstruction « matérielle/*hardware* » pour la restauration des écoles, des routes et des services aux objectifs de reconstruction « immatérielle/*software* » pour renforcer les valeurs démocratiques et des institutions locales qui rendent-compte (Casey, Glennerster *et al.* 2012). Ceci est particulièrement important dans des contextes post-conflit où les niveaux de confiance, de rendre-compte et de cohésion sociale sont considérés comme faibles (Cliffe, Guggenheim *et al.* 2003). Les programmes reposent sur l'idée selon laquelle l'implication de la population dans la prise des décisions et le rendre-compte démocratique peuvent conduire au changement de la phase de conflit à celle de développement. Et cela, en trouvant des solutions à certaines racines de conflit, telles que la corruption, le manque de rendre-compte, le manque de confiance entre les gens et leurs institutions et des institutions fonctionnant anormalement (McBride and Patel 2007; Maynard and Jodi 2007).

Un certain nombre d'évaluations robustes récentes, basées sur des essais contrôlés randomisés à grande échelle, ont mis en évidence des messages qui attirent l'attention sur l'efficacité des objectifs dits 'immatériels'. Tant en RDC qu'en Sierra Leone, aucune différence significative n'a été observée entre les zones de « traitement » qui faisaient partie de l'effort du CDR et dans les zones 'témoin' (Fearon, Humphreys, et al. 2009; Casey, Glennerster *et al.* 2012). Au Libéria, les résultats montrent que la cohésion sociale peut augmenter grâce à l'assistance d'aide au développement post-conflit ; néanmoins, les mécanismes à l'origine de cette hausse restent largement obscurs (Fearon, Humphreys, et al. 2009). Dans l'ensemble, l'impact du développement dirigé par la communauté sur la cohésion sociale semble être limité (King and Snilstveit 2010).

Le manque d'efficacité établie par ces évaluations peut être concluant, mais reste à savoir comment cela s'explique. Dans quelle mesure ces programmes sont-ils vraiment dirigés par la communauté ? Et dans quelle mesure les résultats sont-ils influencés par le contexte historique du conflit prolongé ? Ce chapitre voudrait contribuer à combler cette lacune en mettant l'accent sur les micro-mécanismes de mise en œuvre d'une reconstruction dirigée par la communauté à l'Est de la RDC : les assemblées générales, l'affichage des rapports et l'approche 'chien de garde' de la société civile. Le chapitre fait partie d'une *aidenographie* dans le programme Tushiriki[3], qui a été mis en œuvre par l'IRC dans 49 sites entre 2008 et 2010. Notre recherche a porté sur les dynamiques du programme, qui sont internes à l'organisation du projet et les dynamiques dans les villages de mise en œuvre.

L'efficacité de la reconstruction dirigée par la communauté est influencée par plusieurs dynamiques différentes, telles que les relations de pouvoir locales, la disponibilité de la main-d'œuvre, ou des mécanismes de reddition des comptes (Kyamusugulwa 2013b). Dans ce chapitre, nous nous concentrons plus précisément sur les mécanismes de mise en œuvre en matière de reddition des comptes. Le chapitre est basé sur la prémisse simple, selon laquelle quelles que soient les nobles intentions de développement, qui inspirent les programmes et quelle que soit la quantité de ressources consacrées à ceux-ci, leur effet, de manière cruciale, dépend des mécanismes de mise en œuvre qui sont utilisés. Ce chapitre pose la question de savoir à travers quels mécanismes, plus précisément un grand mot comme le 'rendre-compte' se trouve traduit dans la mise en œuvre des projets aux villages, et comment ces mécanismes fonctionnent en pratique. Nous montrons que le concept tel que le 'rendre-compte' a sa propre signification contextuelle et que sa mise en œuvre n'est pas neutre. Nous avons ainsi observé la manière dont le rendre-compte a été mis en œuvre dans le programme et la manière dont il a été perçu par les divers intervenants, montrant que le concept doit être « lu » et compris différemment à différents niveaux.

Le reste du chapitre est structuré comme suit. Dans la section 2, nous mettons en évidence l'aspect théorique du rendre-compte démocratique dans l'aide au développement. Dans la section 3, nous décrivons brièvement l'historique du rendre-compte et le conflit en

---

[3] Tushiriki: un mot kiswahili signifiant « participons ensemble ».

RDC. Dans la section 4, nous décrivons le contexte géographique du programme Tushiriki, ainsi que la méthodologie utilisée dans cette étude. Dans la section 5, nous illustrons les trois mécanismes de rendre-compte utilisés dans le programme avec études de cas, chacune suivie d'une brève analyse. Dans la section 6, nous présentons des perceptions du personnel du programme sur le rendre-compte. Dans la dernière section, nous concluons le chapitre et esquissons quelques implications de la recherche.

3.2. Le rendre-compte démocratique dans l'aide au développement

Accroître le rendre-compte est un objectif majeur de la reconstruction dirigée par la communauté. Plutôt que de viser pour la reddition des comptes par le biais des institutions démocratiques formelles telles que les élections, le rendre-compte est placé dans les relations quotidiennes entre les autorités et les populations : la transparence et le rendre-compte (Grant and Keohane 2005). La transparence fait partie du rendre-compte, qui oblige ceux qui sont au pouvoir de donner l'information sur leurs actions. Dans son sens le plus littéral, comptabiliser est, après tout, le fait de faire quelque chose « narrer une histoire à propos de ». Le rendre-compte va au-delà de la transparence, car elle réfère également aux responsabilités. Ceux qui dirigent doivent prendre leur responsabilité et peuvent être tenus redevables. Dans une situation de rendre-compte, une constituante a la capacité de faire respecter les règlements et d'imposer des sanctions aux détenteurs de pouvoir qui violent leurs obligations publiques (Ackerman 2004a). De plus en plus, les gens sont censés être des participants actifs, plutôt que simplement des bénéficiaires passifs de l'aide et la reddition des comptes est considérée comme une condition préalable à la participation réelle (Cronin and O' Regan 2002; Wenar 2006; Rubenstein 2007; Eyben 2008).

La littérature suggère trois motifs pour accroître le rendre-compte dans l'amélioration de la gouvernance et l'approfondissement de la démocratie (Malena, Forster *et al.* 2004). Tout d'abord, la reddition des comptes fournit un moyen de dissuader et sanctionner la corruption, en renforçant le côté de la demande de la gouvernance (Ackerman 2004b; McLean, Serrano *et al.* 2005). Deuxièmement, le rendre-compte peut servir comme un but en soi, ou comme un outil pour améliorer l'économie, l'efficience et l'efficacité du projet (Cavill and Sohail 2007). Troisièmement, le potentiel majeur de la gouvernance locale démocratique est qu'en construisant la participation populaire et le rendre-compte dans la gouvernance locale, le gouvernement local et même d'autres institutions locales deviendront plus prêts à répondre aux désirs des citoyens et plus efficaces dans la délivrance des services (Blair 2000).

La littérature sur le rendre-compte établit une distinction entre le rendre-compte formel et celui informel. Le rendre-compte formel ou rationnel constitue des mécanismes de rapport pour garantir une performance transparente et contrôlable. Le rendre-compte informel ou moral vise à créer la confiance et les points communs à travers la pratique quotidienne. Les interventions de la reconstruction dirigée par la communauté ont pour objectif d'introduire des formes plus formelles du rendre-compte dans les interactions entre les personnes en charge dans une communauté et les pauvres ou vulnérables ciblées par les agences humanitaires ou de développement (Hilhorst 2003; Lily and Tsai 2007). Une façon de le faire est à travers des réunions publiques. Le fait d'apporter des informations et des résultats dans la sphère publique et de créer un débat public autour d'eux est considéré comme un élément clé pour la reddition des comptes (Cliffe, Guggenheim *et al.* 2003; Malena, Forster *et al.* 2004). Un autre mécanisme grâce auquel le rendre-compte est exercé consiste à renforcer les pouvoirs de contrepoids en encourageant la société civile à tenir les autorités de l'État d'être prêts à répondre sur les affaires publiques, ou à jouer le rôle de 'chien de garde' (Eyben 2008). La demande des gens pour la reddition des comptes peut ne pas être conforme à la ligne prescrite dans le programme, alors que les tendances des populations vis-à-vis du rendre-compte sont généralement diminuées après une longue période de mauvaise administration du pays. Les interventions qui mettent l'accent sur la promotion du rendre-compte peuvent alors être vues comme celles non sollicitées.

Ainsi, la promotion du rendre-compte au niveau local dans le cadre d'un programme de développement, peut apporter l'accroissement des connaissances et de la transparence créant ainsi les conditions qui encouragent le transfert de pouvoir, l'efficience, l'assurance et l'honnêteté (Cronin and O' Regan 2002; Wenar 2006). Néanmoins, il a également été observé qu'elle apporte le risque de conflit entre les détenteurs du pouvoir local et ceux à qui le pouvoir est nouvellement transféré, le gaspillage de ressources, le détournement de l'attention, l'augmentation de la méfiance et la difficulté à gérer la multitude des rendre-comptes (Cronin and O' Regan 2002; Wenar 2006; Rubenstein 2007). Ce chapitre examine comment l'introduction des mécanismes de reddition des comptes dans la reconstruction communautaire a fonctionné dans le programme IRC Tushiriki à l'Est de la RDC.

3. 3. Un bref historique de rendre-compte en RDC

Le contexte du rendre-compte en RDC est complexe, étant donné le conflit prolongé qui a particulièrement touché la partie orientale du pays. C'est ici que les déplacements à grande échelle des populations ont eu lieu, résultant en des déracinements et des changements dans la façon dont les gens se mettent en relation les uns les autres (Reyntjens 2001; Lemarchand 2002; Marysse 2003; Reyntjens 2005; Reyntjens 2007). Cela dit, la complexité du conflit en RDC, en particulier au cours de cette période, ne peut pas être saisie si la période d'avant le conflit également n'est pas considérée, c'est-à-dire l'époque de Mobutu (1965-1997). Arrivant au pouvoir par un coup d'Etat, Mobutu est devenu rapidement un des pires dictateurs de l'histoire des régimes après l'indépendance en Afrique, caractérisé par un enrichissement personnel (Ndikumana and Boyce 1998). Son régime peut être décrit comme celui de patronage, de corruption, de mauvaise gestion, de fraude et de *zaïrianisation*. Il avait construit une structure institutionnelle à travers des réseaux de patronage qui lui ont permis, sa famille et ses alliés politiques d'accumuler des richesses.

La corruption, la mauvaise gestion et la fraude dévirent institutionnalisées; les soldats étaient autorisés à s'approprier le bien de la population, la bureaucratie de l'Etat était encouragée à ne pas être redevable et le Président voyait peu de différence entre les ressources de la nation et sa propre fortune personnelle. L'appareil de l'Etat était encouragé à s'autofinancer, en exploitant ses propres citoyens sans aucun sens de responsabilité du contrat social (Weijs, Hilhorst 2011). En 1974, la *zaïrianisation* est une politique qui soutenait la nationalisation des écoles, des hôpitaux et des biens des étrangers par le régime (Ndikumana and Boyce 1998; Vlassenroot and Romkema 2007). Le résultat était catastrophique en ce sens que le Président et ses alliés politiques ont bénéficié encore plus de leur système de gouvernance en sécurisant un monopole efficace dans des secteurs clés de l'économie zaïroise, plutôt que de servir l'intérêt national, de manière que c'était devenu difficile de renverser cet état. En bref, cette absence de rendre-compte de l'État était le contexte dans lequel survirent les guerres de 1996-1997 et 1998-2003.

En outre, cette absence de rendre-compte avait influencé fortement la façon dont les populations, y compris les fonctionnaires, se comportent. Jusqu'aujourd'hui, cette influence est ressentie ; les représentants des gouvernements provinciaux et nationaux adoptent le vocabulaire de la reddition des comptes, influencé par le discours de donateurs internationaux. Pourtant quand il s'agit de leur comportement, il est difficile de remarquer un certain changement dans ce sens. Par exemple, il est facile qu'ils affirment que la formation sur la transparence et le rendre-compte est une bonne idée et que la gouvernance est la clé qui ne peut pas être négligée. Mais en pratique, le rendre-compte reste loin d'être une réalité quotidienne dans les bureaux des services publics.

3.4. Contexte, description du programme et méthodologie

3.4.1. Contexte

Les chefferies de Burhinyi et de Luhwindja, situées dans le Nord-Est du territoire de Mwenga, dans la province du Sud-Kivu à l'Est de la RDC ont constitué le cadre géographique de cette recherche. Les deux chefferies appartiennent à la tribu *Shi*. En 2008, à côté la population autochtone, 14 % de la population de la chefferie de Burhinyi se composait de combattants Hutus qui avaient fui le génocide au Rwanda qui a eu lieu en 1994. La présence des Hutus dans la région est une des raisons pour lesquelles ces chefferies ont été fortement affectées par le conflit de 1996 à 2003. Au lendemain de la guerre, cela a fait aussi de ces chefferies des cibles évidentes pour des interventions de développement. En ce qui concerne les bénéficiaires potentiels, le programme avait ciblé environ 44 173 personnes issues de huit communautés choisies au hasard sur 103 066 habitants des chefferies de Burhinyi et Luhwindja. Chaque communauté Tushiriki était constituée par près de 6 000 habitants. Un village de Tushiriki était habité par seulement environ 1 200 habitants. De petites communautés adjacentes étaient parfois groupées et considérées comme des entités uniques dans le programme, aussi longtemps que la coopération existait entre ces communautés.

3.4.2. Description du programme

Le programme CDR s'appelait Tushiriki, un mot Kiswahili qui signifie « Soyons impliqués ensemble ». Il a été mis en œuvre par l'ONG américaine IRC par le biais de son bureau à Bukavu, province du Sud-Kivu. Elle opère dans cette province depuis 1996. Le programme Tushiriki est l'un des deux programmes CDR de l'IRC mis en œuvre de 2008 à 2010, grâce au financement du Gouvernement Néerlandais à travers l'agence Stichting Vluchteling (SV). L'autre programme CDR de l'IRC était Tuungaane (Humphreys, Sanchez *et al.* 2012).

Un des objectifs du programme CDR SV-IRC (comme on l'appelait parfois) était le renforcement des capacités de la société civile par l'amélioration de la compréhension des principes et pratiques de bonne gouvernance et par la promotion des efforts de plaidoyer au nom des communautés auprès des décideurs politiques (SV and IRC 2007). Pour atteindre ces objectifs, le programme s'était focalisé sur le développement communautaire et la société civile. Pour le développement communautaire, les comités de développement des villages (CDV) étaient mis en place pour concevoir et planifier des projets locaux de reconstruction, tels que les salles de classe, des bureaux des directeurs d'école et les routes locales. La population était impliquée dans les processus des élections des comités, l'identification des projets, leur gestion et l'exécution de ceux-ci, la formation et la production des rapports des Assemblées Générales Rapports régulières (AGR), pour leur permettre de se familiariser avec les habitudes de reddition des comptes (Kyamusugulwa, Hilhorst et al. 2014b).

Les 10 membres du Comité de Développement du Village (CDV) étaient choisis au cours des réunions électorales pour divers rôles : président, trésorier, secrétaire, mobilisateur et chargé d'inclusion. Une participation égale des hommes et des femmes était nécessaire dans les CDVs. Chacun des 34 villages dans les deux chefferies cibles a reçu une subvention de 3 000 $US. Une subvention variant entre 50 000 et 70 000 $US était allouée à chacune des 8 communautés cibles (IRC and CARE 2009). Il revenait aux communautés et villages eux-mêmes de décider de l'attribution de la subvention selon les paramètres du programme. À côté des CDVs, la composante de la société civile était chargée de soutenir les activités des partenaires des Organisations Non-Gouvernementales (ONGs) et des organisations à base communautaire (OBCs) à travers la formation sur la gouvernance locale et le plaidoyer dans les villages ciblés (SV 2007). En outre, les CDVs étaient suivis par un mécanisme de contrôle spécifique : le relais de qualité (*requa*), consistant en un organe composé d'un homme et d'une femme du même village, également élus localement, pour agir comme yeux de la population.

3.4.3. Méthodologie

Afin d'évaluer la manière dont les populations considèrent la délivrance des services par des agences internationales dans les zones affectées par les conflits, il est essentiel de comprendre les perceptions locales de l'intervention.

Comment les participants bénéficiaires voyaient le type de rendre-compte de Tushiriki? Spécifiquement, comment considéraient-ils les stratégies initiées au sein du programme Tushiriki pour encourager les pratiques de rendre-compte démocratique dans les villages cibles ? Le rendre-compte démocratique comme un phénomène social peut être interprété différemment par les bénéficiaires, selon leur compréhension du processus et le contexte dans lequel ils vivent.

Pendant l'exécution du programme Tushiriki, nous avons collecté les données basées sur l'ethnographie, durant la période allant de 2008 à 2010. Nous avons fait l'observation participante et des entretiens semi-structurés approfondis sur les activités du projet à la fois pour les procédés tangibles et intangibles, à l'aide d'une approche d'étude de cas au niveau du village. Les entretiens ont parfois pris la forme de récits oraux sur tout ce qui était arrivé dans le village en ce qui concerne les activités du projet. Nous avons parlé aux informateurs sur les sites de reconstruction (des écoles et des routes), lors des réunions publiques, le long des sentiers ou dans les familles. Ils étaient des agriculteurs, des élèves, des épouses des soldats, des aide-maçons et maçons, des évangélistes, des chefs des localités, des groupements et leurs épouses, des directeurs d'écoles, des enseignants, des commerçants et des scieurs.

En même temps, certains d'entre eux étaient membres du comité, élus membres de l'équipe, ou membres d'organisations à base communautaire (OBCs). Certaines personnes ont été interrogées à plusieurs reprises. Au niveau de la chefferie, nous avons interviewé le Chef de Poste d'Encadrement Administratif (qui représente l'administrateur du territoire en chefferie) basé à Luhwindja. Enfin, nous avons interrogé huit membres du personnel de terrain et leur superviseur de territoire, qui a dirigé le programme Tushiriki dans la zone d'étude. Pour documenter les processus décrits dans ce chapitre, nous avons fait le suivi de l'implémentation du programme Tushiriki dans 29 des 34 villages ciblés par celui-ci. Les cinq autres villages (Communauté d'Itudu, chefferie de Burhinyi) n'étaient pas accessibles en raison de l'insécurité. Dans ce chapitre, nous présentons quatre cas, qui révèlent le fonctionnement des trois mécanismes de rendre-compte appliqués au sein du programme Tushiriki dans la zone, en incorporant les cas dans leur contexte local. Nous trouvons l'approche de l'étude de cas comme étant la méthode appropriée pour analyser la méthodologie participative de reconstruction et la signification donnée à l'intervention et au rendre-compte démocratique (Sneddon and Fox 2007).

3.5. Mécanismes de rendre-compte démocratique dans le programme Tushiriki

Dans les paragraphes qui suivent, nous présenterons trois mécanismes qui étaient appliqués par le programme Tushiriki pour promouvoir le rendre-compte démocratique ; l'Assemblée-Générale-Rapport (AGR), l'affichage des rapports et le rôle de 'chien de garde' des OBC. Ces mécanismes signifiaient assurer le rendre-compte au sein du programme. Nous allons montrer comment ces mécanismes étaient adoptés et mis en œuvre dans les sites respectifs du programme, et comment ils étaient ajustés au contexte local.

3.5.1. L'Assemblée-Générale-Rapport dans le village Karwera

Les réunions publiques sont considérées comme une puissante composante de l'initiative de rendre-compte. Malena *et al.* (2004) ont reconnu que le fait d'apporter des informations et des résultats dans la sphère publique et de générer un débat public autour d'eux, sont un élément clé pour la plupart des initiatives de rendre-compte démocratique. En outre, Cliffe *et al.* (2003) ont reconnu que rendre obligatoires les réunions ouvertes est une façon courante d'encourager le rendre-compte. Dans cette section, nous allons analyser une réunion publique dans un des villages du programme Tushiriki : le village de Karwera.

Le village Karwera appartient au groupement Budaha dans la chefferie de Burhinyi. Il est à 15 minutes de marche de Kakwende, un des centres de la chefferie, où les missionnaires norvégiens se sont installés en 1928 et où l'une des principales écoles bibliques de la Communauté des Eglises Libres de Pentecôte en Afrique (5ème CELPA) fonctionne encore aujourd'hui. Le village n'a pas d'école, donc les enfants doivent aller soit à l'école primaire de Budaha située dans le village voisin de Kanyimba ou à l'école primaire ou secondaire de Kakwende. Karwera est dirigé par un chef de village et compte une église locale de la 5ème CELPA. Les valeurs de ces deux institutions influencent le comportement des habitants. Le village est entièrement habité par les Barhinyirhinyi (c'est-à-dire les peuples de Burhinyi), avec une population estimée en 2008 à 953 habitants, et est accessible par véhicule. Dans le passé, un nombre d'associations naissant d'initiatives locales ont été créées, organisant les populations en groupes pour des activités agricoles ou l'apiculture. Pour adhérer, il fallait payer une valeur de 5 $US. Comme l'a dit un des habitants du milieu, ces associations n'étaient généralement pas très sérieuses concernant les résultats et les dividendes des activités du groupe. La reddition des comptes était faible. En conséquence, les associations n'étaient pas très populaires dans les villages et l'adhésion des membres était décroissante.

Avant que le programme Tushiriki vienne au village en 2008, les populations avaient déjà acquis l'expérience du fonctionnement d'un programme international à travers la reconstruction de l'école primaire Budaha par *l'Associazione Volontari per il Servizio Internazionale*/Fonds des Nations Unies pour l'Enfance (AVSI/UNICEF) entre mai et août 2008. Pour ce projet, les résidents des deux villages ont contribué par la main-d'œuvre et par l'apport en matériaux locaux, le transport de l'eau, des moellons et du sable à partir de la rivière. Une des raisons pour lesquelles cette école a été sélectionnée par l'AVSI est l'accessibilité de la zone par véhicule, ce qui a facilité l'accès aux responsables de l'agence d'exécution à visiter l'école. Ce qui a permis aux habitants de voir l'importance de réaliser le réseau routier. Ainsi, lorsque les gens ont eu la possibilité de choisir leur propre projet du village dans le cadre du programme Tushiriki, ils ont aussitôt décidé de choisir l'entretien de la route locale Kakwende – Karwera – Kanyimba comme projet du village. Cette idée a été initiée par les dirigeants locaux, dont le chef du groupement et puis elle est devenue populaire parmi les habitants des deux villages ; comme l'a si bien dit l'un des habitants : « une route facilite les activités commerciales, l'accès aux services de santé et de scolarité ».

Après le premier décaissement, qui a été suivi par le deuxième décaissement des fonds de l'IRC-Tushiriki au CDV de Karwera par la Coopérative d'Epargne et de Crédit/COOPEC Tulime, l'Assemblée-Générale-Rapport (AGR) était exigée pour restituer aux habitants sur le projet en cours. C'est à cette condition que la tranche suivante du financement serait libérée. L'AGR était tenue le 19 avril 2009 par le comité lors d'un service religieux de dimanche. Sinon, il serait difficile de mobiliser le minimum requis d'au moins 40 % d'habitants adultes pour cette séance publique spécifique. Les membres du comité et les dirigeants de l'église locale étaient très proches et il était donc possible de donner une place prépondérante à l'AGR pendant le culte. Le personnel de terrain de Tushiriki y avait également participé. Environ 200 participants de cette église étaient présents, y compris les enfants. Même dans ce cas, l'exigence de la participation de 40 % de la population adulte du village n'était pas encore remplie.

Le Président du CDV, un technicien de développement avec un diplôme universitaire de trois ans en développement rural, avait informé les participants que Tushiriki avait libéré deux tranches d'argent, c'est-à-dire 1315 $US sur un total de 3 000 $US. Selon lui, cette somme avait été dépensée lors d'un voyage au chef-lieu provincial pour acheter les matériaux pour la réhabilitation de la route, tels que les truelles, les fourches et les brouettes et pour payer les habitants de Karwera, qui avaient travaillé sur la route. Durant l'exposé, les participants (hommes) ont posé trois questions concernant le montant des primes des membres du CDV, sur la reconstruction du bâtiment de l'église et sur l'étape suivante du Comité de Développement Communautaire (CDC) pour le projet. Très rapidement, le Président du CDV a répondu aux questions en mentionnant que les membres du CDV n'étaient pas payés, sinon la réalisation en termes d'amélioration de la route pourrait difficilement être atteinte, que rien n'était prévu pour la reconstruction de l'église et qu'il y aura une élection par rapport au projet CDC. Ces réponses n'ont conduit à aucune discussion, mais derrière notre banc, nous avons entendu certains jeunes murmurer tranquillement entre eux que certains des coûts étaient trop élevés. Après cette annonce spéciale, le pasteur a demandé à quelqu'un de procéder à la dernière prière de fin du service.

Ce cas résume combien il était difficile de vraiment discuter de l'état d'avancement d'un projet au sein d'une réunion publique. Premièrement, les populations n'étaient pas vraiment habituées à ce type de rendre-compte. Le projet AVSI/UNICEF par exemple n'avait pas du tout exigé de faire rapport à la population, et celle-ci ne s'y attendait pas. Ce qui importait le plus pour eux, c'est la réalisation effective de résultats concrets ; la grande majorité des résidents appréciait ce qu'ils voyaient. Lorsque l'école était complètement reconstruite, les murs de briques cuites, un toit, un pavement, des tableaux noirs et six salles de classe équipées de pupitres solides. En revanche, le programme Tushiriki avait l'obligation d'organiser une AGR, mais il était difficile d'intéresser les gens de venir à la séance, car elle ne fournissait pas de bénéfices directs et concrets. Deuxièmement, c'était une initiative intelligente d'incorporer la réunion dans une institution sociale existante, où la participation est relativement élevée-le culte religieux. En même temps, le culte de l'église est un cadre dans lequel les participants ne sont pas ouverts aux discussions, a fortiori pour des questions d'argent. En outre, les gens pourraient être enclins à suivre l'opinion des dirigeants organisant ces réunions ; dans ce cas, les dirigeants de l'église locale. Ainsi, l'AGR a principalement servi comme un point de passage obligatoire, mais sans beaucoup de réflexion critique.

Cela signifie-t-il que des réunions publiques telles que l'AGR ont peu à contribuer aux interventions de développement ? Lorsqu'on analyse le rôle des réunions publiques dans la promotion du rendre-compte, la littérature suggère que la pertinence des réunions publiques n'est pas nouvelle dans les pays en développement, en particulier dans le contexte des zones rurales, alors qu'elle n'est pas sans effet. Bien plus, dans le cadre du programme Tuungane à l'Est de la RDC, qui est très similaire au programme Tushiriki analysé ici,

Humphreys (2008) a montré que la plus grande initiative individuelle a été exprimée dans une réunion communautaire. Alors que le mécanisme des réunions publiques a donc ses mérites, les résidents locaux peuvent avoir une idée différente à ce sujet. Dans le cas de Tushiriki, les gens ont rapidement perdu leur intérêt pour ces rencontres qui ne produisaient pas de résultats tangibles. Cela a été résolu dans le cas décrit ci-dessus en incorporant la réunion publique dans la vie sociale déjà existante des cultes religieux. Malgré tout, elle a eu un effet regrettable parce qu'elle a inhibé la discussion. La conception du programme Tushiriki demandait une réunion séparée avec un quorum strict, mais cela a été adapté localement en prenant la forme d'une séance de quelques questions-réponses.

3.5.2. L'affichage des rapports dans les villages Cibanda II, Kanyimba et Mubone

A part les assemblées générales, la section 11 du protocole de Tuungane / Tushiriki, contenait également une procédure pour afficher les rapports avec les mises à jour des finances et de la mise en œuvre du projet dans la communauté. Nous avons observé ce mécanisme dans plusieurs communautés. Il affirme que le CDV devrait publier un rapport sur les activités du projet, y compris un rapport financier, c'est-à-dire le montant déjà reçu et le montant déjà dépensé au moment de la publication du rapport (IRC and CARE 2009). Cibanda II et Mubone sont des villages de la chefferie de Luhwindja; Kanyimba est un village situé dans la chefferie de Burhinyi. Il s'agit de villages ciblés dans le programme Tushiriki dans lequel les rapports sur les dépenses effectuées dans chaque projet étaient affichés, tel que requis par le programme. Toutefois, les résidents ont indiqué que, malgré l'affichage public des rapports, personne n'était disposée à les lire car ce n'était pas quelque chose à laquelle ils étaient habitués, et beaucoup d'entre eux, en particulier les femmes, étaient analphabètes. Par exemple, lorsqu'un rapport avait été affiché à la porte de l'église 5ème CELPA Mubone le 6 mars 2009, un groupe de maçons qui construisaient une école près de l'église ne l'ont jamais lu. Interrogés à ce sujet, ils ont dit qu'ils n'étaient pas au courant d'un quelconque rapport de dépenses, parce qu'ils n'ont pas lu l'affiche. Fait intéressant, ils ont fait valoir qu'ils faisaient confiance aux membres du CDV parce qu'ils étaient capables d'en parler facilement à propos du projet.

De même, le 25 mars 2009, lors de notre visite au village Cibanda II, un rapport CDV était affiché à la jonction de deux routes locales, sur la route longeant vers l'Hôpital Général de Référence d'Ifendula et vers le groupement de Luduha dans la chefferie de Luhwindja. Le rapport mentionnait un décamètre[4], 40 truelles, 20 fourches, 15 pioches, un morceau de ficelle et deux machettes achetés. D'autres outils étaient mentionnés comme étant encore des besoins nécessaires, notamment, deux brouettes, sept truelles et trois fourches. Ce matériel était destiné à la reconstruction de la route locale reliant le village Cibanda II au centre commercial de Luhwindja. Néanmoins, le rapport n'avait pas mentionné le montant exact des sommes reçues et le montant dépensé pour ce matériel, laquelle information est restée incertaine. Ce qui était révoltant au sujet de ce rapport, est qu'il contenait quelques ratures sur le nombre exact du matériel acheté, tels qu'ils étaient incertains. Avant que les habitants puissent lire le rapport, celui-ci était arraché par les jeunes du village.

Au village Kanyimba à Burhinyi, l'expérience de l'affichage des rapports était semblable à celle de Mubone

---

[4] Un instrument servant à mesurer la distance du travail manuel journalier pour les résidents sur le chantier de construction de routes locales

et Cibanda II dans la chefferie voisine. Ici, un rapport sur le projet en cours dans le village, avec des détails sur la somme d'argent reçue par le CDV, avait été affiché sur le panneau. Le Secrétaire du CDV avait témoigné que des enfants de 10 ans l'avaient arraché aussitôt, arguant que c'était pour une annonce d'un match de football. En fait, les jeunes dans le village pensaient que chaque affiche était une publicité de football, parce que c'était la seule activité pour laquelle ils avaient l'habitude de voir une affiche.

Les exemples décrits dans les précédentes sections montrent que l'affichage de rapports n'a pas contribué beaucoup au rendre-compte. Non seulement les rapports manquaient des informations détaillées, mais aussi les gens ne les ont pas lus soit parce qu'ils n'y ont pas fait attention, ou parce qu'ils étaient analphabètes, ou encore que les annonces étaient rapidement arrachées. Une autre forme de reddition des comptes apparaît cependant clairement dans les mots du maçon, selon lesquels si les membres CDV inspirent bien confiance, les gens n'ont aucun problème à parler du projet avec eux. Les habitants se fiaient plus en des récits oraux donnés par les membres du comité sur le projet et ils préféraient que cela se fasse de manière informelle au lieu de réunions publiques. Cliffe *et al.* (2003) ont montré que le fait d'afficher les décisions du conseil, les budgets et les dépenses sur les panneaux d'affichage publics est un moyen d'encourager le rendre-compte (Cliffe, S. Guggenheim *et al.*2003). La perception de la population peut être différente, spécialement dans les zones dominées par la tradition orale. Dans le programme Tushiriki, les gens pouvaient obtenir des informations de manière plus informelle, s'ils en ressentaient le besoin. Aussi longtemps que la confiance était maintenue, la plupart d'habitants n'étaient pas intéressés à obtenir davantage d'informations.

3.5.3. Les organisations communautaires comme 'chien de garde' dans le village Ishogwe

Un aspect important du rendre-compte démocratique dans la CDR est de renforcer le pouvoir compensateur des acteurs de la société civile et les encourager à tenir redevables les autorités responsables. Dans le programme Tushiriki, cela signifie que la société civile locale a été formée à agir comme un 'chien de garde/*watch-dog*' pour s'assurer que le CDV était redevable aux résidents sur le projet choisi par la communauté. Cet aspect est illustré dans le cas du village Ishogwe. Ce village appartient au groupement Bujiri dans la chefferie de Luhwindja et est situé près de la route principale Kaziba - Luhwindja, juste de l'autre côté de la rivière Namnana, en face du centre Lubanda à Luhwindja centre. En 2008, il était peuplé de 1577 habitants, la grande majorité issue de Luhwindja. Le village ne possède qu'une seule école primaire, l'école primaire Makala, qui a été initiée par la 5ème CELPA et est toujours sous la gestion de l'église protestante. Il n'y a ni école secondaire, ni centre de santé. L'église protestante et la chefferie sont les principales institutions ; le village est dirigé par un chef qui agissait, en 2008, comme chef intérimaire du groupement Bujiri.

En 2008, quand le programme Tushiriki est venu au village, une série de réunions publiques ont eu lieu pour les élections du CDV, l'identification des besoins, la sélection du projet et l'approbation du budget du projet. En suivant ce processus, les résidents d'Ishogwe avaient choisi la reconstruction du pont de la rivière Namnana, bien que le montant de subvention disponible (c'est-à-dire 3000 $US) ne suffisait pas. Les résidents étaient motivés par le fait que ce pont relierait trois groupements (Bujiri, Burhembo et Idudwe) et que les gens pourraient traverser la rivière même pendant les inondations. Le pont existant antérieurement s'est effondré durant une inondation il y a plus de 5 ans. Aux yeux des habitants d'Ishogwe, c'était un projet crucial pour eux et pour la zone. En 2008, 36 des 70 organisations à base communautaires (OBCs) dans la chefferie ont été sélectionnées par le programme Tushiriki. Les OBCs ont été des partenaires des Organisations-Non-Gouvernementales (ONGs), qui ont été à leur tour partenaires de Tushiriki. Ces ONG représentaient la société civile locale au niveau du programme, par exemple le Centre d'Etudes, de Documentation et d'Animation Civique (CEDAC) et l'Action pour le Développement en Milieux Ruraux (ADMR). Les organisations communautaires (par exemple, le Groupe de Sauvetage des Vies Humaines) étaient censées jouer le rôle de « chien de garde » des CDV dans la gestion des fonds du projet pour le compte de la population. Les ONG ont alors fourni un certain nombre de formations pour les comités et organisations communautaires afin qu'ils puissent se familiariser avec l'idée de « chien de garde ». La Gouvernance, la comptabilité et le plaidoyer sont parmi les sujets développés par CEDAC et ADMR dans les sessions de formation. Pourtant, les deux ONGs n'avaient aucune expérience antérieure sur le rôle de « chien de garde » ni sur les activités de plaidoyer pour le compte des communautés locales. Le CEDAC est bien connu pour les actions de sensibilisation concernant les devoirs civiques, alors que l'ADMR était bien connue pour ses activités de reboisement dans la zone.

Au cours de la formation, l'ADMR et le CEDAC distribuaient des articles tels que papiers, stylos, crayons, etc., pour chaque OBC cible pour ses activités de rapportage envers l'ONG, et une copie du module de formation était donnée au Président de chaque CDV et de chaque OBC. Ainsi, au niveau de la Communauté, les OBC étaient sensées jouer le rôle de contrôle du travail du CDV en tant que gestionnaire du projet, vérifiant régulièrement s'il y a des progrès dans l'exécution du projet ; sinon, l'alerter à ce propos.

S'il y avait des preuves que le CDV était moins redevable à ses constituants, les participants étaient informés qu'ils avaient le droit de poser des questions aux membres du CDV sur les activités du projet. Aussi, s'il n'y avait aucun progrès dans la reconstruction, les membres de l'OBC étaient incités à poser des questions aux membres de CDV à ce sujet. Pourtant, l'objectif de la formation ne reflétait pas toujours dans ce que les gens déclaraient avoir appris. Par exemple, un participant a dit qu'il se souvenait deux choses principales, (i) la démocratie et éviter la dictature et (ii) le travail d'ensemble pour inclure des personnes vivant avec handicap. Plus généralement, en parlant de la formation, les habitants ont indiqué que celle-ci était faite rapidement, avec de grands groupes de participants, et parfois les principaux concepts de la formation étaient enseignés en Français. Certains des participants formés parlaient Français, mais même pour eux, les concepts abstraits de la formation étaient difficiles à saisir. Des concepts tels que le rendre-compte démocratique, la gouvernance et le plaidoyer ont été expliqués en Français, mais sans ou avec une traduction limitée dans la langue locale ; tandis qu'une session de formation comprenait 100 participants dont 52 – 56 membres des OBC et du CDV.

En plus de la formation dispensée par les ONG, la composante développement communautaire du programme a formé les membres du CDV et des OBC sur le rendre-compte démocratique. Le message de la formation était censé être que les résidents devraient collaborer, travailler ensemble et protéger l'infrastructure reconstruite dans le cadre du projet. Par exemple, les participants ont rappelé que les membres d'OBC étaient invités à porter plainte devant les chefs locaux, afin que toute personne endommageant l'école soit punie avec obligation de réparer. Les gens étaient également encouragés à poser plaintes à la police locale, au roi (c'est-à-dire au *Mwami*, le grand chef) et auprès du Chef de Poste d'Encadrement Administratif, qui représentait l'Administrateur du Territoire dans la Chefferie. Ces membres du CDV devraient rendre compte à propos du montant de la subvention allouée à la reconstruction du pont et au matériel acheté et combien était la contribution locale en matériaux.

En général, ce qui compliquait le contrôle du travail du CDV par les OBC en tant que « chiens de garde » était que les relations sociales entre les gens dans les petites communautés étaient souvent multiplexes et qu'il y avait peu de distance entre eux. Les membres de ces deux comités étaient tous habitants du même village et se considéraient comme les mêmes peuples, parce qu'ils appartenaient aux familles ou clans relativement proches. Par exemple, le chef du village, qui était conseiller du vice-président d'une OBC (en même temps président homme du CDV), était également membre du CDV. La même chose était vraie pour les relais de qualité (*requa)*, qui était un organe formellement censé contrôler le CDV ; mais, à cause de ces mêmes relations multi-complexes, il rencontrait des difficultés pour adopter une position critique contre le CDV. En mettant en œuvre une intervention, il est facile d'entendre des plaintes sur le traitement préférentiel des personnes qui ne font pas partie des bénéficiaires directs. Ce fut également le cas à Ishogwe avec une autre OBC, qui s'occupait des filles-mères. Selon les répondants, tous les bénéficiaires appartenaient au clan de la femme du gérant de celle-ci. En fin de compte cependant, les bénéficiaires et les décideurs avaient l'intérêt de maintenir de bonnes relations.

En termes de rendre-compte au sein des institutions existantes, ni la chefferie, ni l'église (ou même l'OBC) n'était transparente vis-à-vis des populations au sujet de la gestion des fonds. Cependant, le pouvoir coutumier et l'église locale avaient l'habitude d'informer les populations locales sur les contributions à un projet du village, soit en criant à travers un mégaphone ou en délivrant le message pendant un culte religieux. Le programme Tushiriki utilisait les mêmes moyens d'information aux populations sur leur contribution au projet du village. Ce qui semble être nouveau, c'est le message de Tushiriki d'être transparent au sujet des fonds reçus du projet, y compris des détails sur les dépenses et la création d'une arène où les décisions du CDV étaient plus ouvertes à la discussion. Aux yeux des habitants, c'est une question sensible que de discuter publiquement des questions financières et cela irait à l'encontre de la culture locale. La formation sur le rendre-compte n'a pas surmonté cette sensibilité. En outre, le message de la formation n'était pas bien compris par tous les participants, en raison des barrières linguistiques, mais aussi parce qu'il n'était suffisamment pas conçu selon le contexte local et celle-ci n'avait pas équipé les participants des outils adéquats à la portée des mains pour jouer le rôle de « chien de garde ».

Nos observations nous ont conduit à nous interroger dans quelle mesure la collaboration des ONG/OBC a contribué à incorporer dans leur vision le rôle de « chien de garde » pendant que les membres des CDV mettaient en œuvre des projets dans les villages. Deux facteurs sont à noter ici. Premièrement, il y a un manque d'analyse de la capacité organisationnelle des OBC avant leur sélection par des ONG partenaires à s'engager dans le programme Tushiriki. Les Organisations n'étaient pas nécessairement choisies pour leurs capacités de « chien de garde », mais simplement pour leur présence dans la zone. Deuxièmement, le partenariat entre les ONG et les OBC reposait uniquement sur la formation sur la « rendre-compte » et le « plaidoyer », c'est-à-dire sur l'aspect théorique de la fonction, plutôt que sur son aspect pratique. Ces observations sont soutenues par d'autres tels que De Vita, Fleming et al. (2001), qui ont reconnu que la volonté d'un groupe à embrasser le changement peut entraver la capacité organisationnelle à servir la communauté. Ainsi, Borren (2000) met l'accent sur l'importance de définir au préalable comment s'engager avec un partenaire particulier et assurer le transfert de pouvoir et l'apprentissage émancipateur. C'est seulement à cette condition que les partenaires seront embarqués à bord (Borren 2000). Finalement, Eade (2007) a relevé simplement qu'une personne ne peut renforcer les capacités des autres qu'elle n'a pas elle-même (Eade 2007). Clairement, l'échec de l'assistance technique des OBC par les ONG a été l'un des problèmes. Fournir une formation adéquate pourrait aider les OBC et les *Requas* à jouer un rôle plus important.

Figure 3.1: *Rendre-compte démocratique comme un des principes de bonne gouvernance*

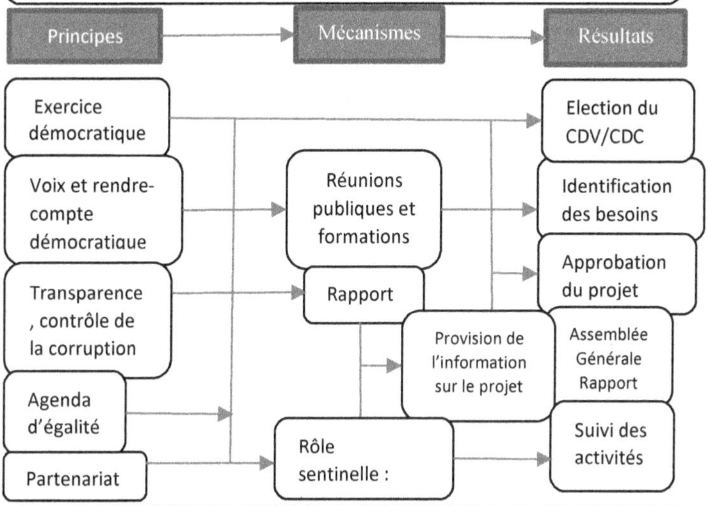

Légende : CDV : Comité de Développement du Village ; CDC : Comité de Développement Communautaire ; OBC : Organisation à Base Communautaire ; *Requa* : Relais qualité.

La figure 3.1 illustre la place du rendre-compte démocratique comme l'un des principes de gouvernance locale promus par le programme Tushiriki, les trois mécanismes utilisés et les résultats attendus de la partie intangible du programme. Après avoir énoncé le fonctionnement des mécanismes de rendre-compte dans la pratique, nous nous tournerons maintenant vers les pratiques du personnel Tushiriki à propos de celui-ci. Comment interprétaient-ils et façonnaient-ils les attentes et les instructions du protocole de Tushiriki ?

3.6. Les pratiques de rendre-compte démocratique du personnel de Tushiriki

Déjà, nous avons vu dans ce qui précède que le personnel avait tendance à adapter ces instructions au contexte local, afin de contourner les difficultés qui résultaient des contradictions entre les protocoles et les institutions existantes et les pratiques de rendre-compte. Par exemple, ils incorporaient l'assemblée générale requise dans un culte religieux. Dans cette section, nous allons montrer comment le personnel tout en faisant le plaidoyer pour le rendre-compte de haut-en-bas, avait priorisé que le CDV rendre compte au personnel de l'IRC-Tushiriki plutôt qu'à la population.

Le personnel de terrain de Tushiriki basé à Burhinyi et à Luhwindja se composait de deux chargés de développement, quatre agents de développement et deux techniciens, qui étaient sous la coordination du superviseur de territoire. Celui-ci était un membre du personnel senior pour la composante développement communautaire du programme. Le personnel de Tushiriki, y compris celui de terrain, croyait généralement en l'objectif du programme pour promouvoir la gouvernance, particulièrement le rendre-compte à travers des réunions publiques. En outre, en comparaison avec d'autres programmes de reconstruction, le personnel de l'agence estimait que c'est l'approche appropriée dans un contexte post-conflit, caractérisé par la corruption. A ce propos, le superviseur de territoire du programme a dit :

« C'est une excellente approche, la meilleure, la plus appropriée ; c'est l'occasion pour traiter des anti-valeurs, comme la corruption, parce que les décisions sont prises dans les réunions publiques. Cependant, il y a un besoin intense de facilitation plus fort pour faire face aux problèmes de choix ambitieux, la planification de projet et un suivi régulier. La facilitation est un facteur clé de succès ».[56]

L'intériorisation générale et l'appui aux objectifs du programme par le personnel ne signifient pas qu'ils les ont toujours traduits en pratique. Dans les séances de formation, par exemple, ils enseignaient aux membres des CDV les principes de rendre-compte démocratique qui devraient guider leur travail.[7] Aussi, dans la formation sur la gestion financière des membres du comité, le formateur a dit : « tout le monde est capable de contrôler ou de savoir ce que tout le monde fait. Lorsque les membres des CDV détournent les fonds, Tushiriki devra arrêter les versements d'argent jusqu'à ce que l'argent volé soit remboursé ».[8]

Néanmoins, le personnel rappelait souvent aux gens qu'ils étaient en fin de compte redevables envers l'IRC-Tushiriki. Par exemple, lors de la session susmentionnée, le formateur a dit : « *Franka ya Muzungu ni ya kupana ripoti,* ce qui signifie qu'il faut toujours un rapport pour l'argent de l'homme/la femme blanc (he) ».[9]

De nombreuses observations sur le terrain, il est également apparu que le personnel s'est éloigné de l'idée que les détenteurs de pouvoir devaient être confrontés pour être tenus redevables au profit de la tendance à maintenir les relations existantes et la recherche de types informels de rendre-compte. Par exemple, lors de la visite

---

[5] Entretien avec le superviseur de territoire de Tushiriki, Bukavu, le 26 avril 2010.

[7] Observation participante lors de la première séance de formation tenue à Muli Burhinyi pour les membres du CDV, 22 novembre 2008.

[8] Observation participante à la session de formation sur la gestion des Finances à Birhala Burhinyi pour les membres du CDV, 25 février 2009.

[9] Observation participante au cours de la même séance de formation du 25 février 2009.

à la communauté Mulungu et Busherega, un repas du midi a été offert aux travailleurs du programme Tushirki dans la maison du pasteur. A cette occasion, les discussions informelles ont eu lieu entre eux et les détenteurs de pouvoir du village (chef de la localité, pasteurs seniors des églises locales de la 8ème CEPAC et de la 5ème CELPA). Ces discussions concernaient la façon de mobiliser plus les gens et quel projet (reconstruction d'école) serait utile au programme Tushiriki.[10]

Dans le même ordre d'idées, au cours de la formation des formateurs qui s'est tenue le 24 mars 2009, le directeur de l'école primaire de Mwenda a rapporté que le bâtiment de 3 salles de classe de son école a été détruit par le vent la veille. En apprenant la nouvelle, le personnel sur le terrain a déclaré qu'il était nécessaire de tenir la réunion publique de la ré-approbation du projet afin d'obtenir sa budgétisation comme le nouveau projet du village. Sans surprise la reconstruction de la toiture de ces 3 salles de classe est devenue le projet du village exécuté dans ce milieu.[11] De toute évidence, des discussions informelles entre le staff de terrain du programme et l'élite locale existante du village d'une part, et entre les élites locales et les habitants d'autre part, est l'expression de la façon dont le rendre-compte a fonctionné dans ce contexte.

En même temps, en cas de problème, le personnel exercerait ses propres mécanismes de rendre-compte avec les membres du CDV plutôt que de laisser la place au processus de rendre-compte au niveau local. Par exemple, s'adressant au Président masculin du CDV Citudu, un chargé de développement qui visitait cette entité a dit : « vous devez progresser, comment expliquer que vous avez déjà reçu de l'argent sans aucun progrès. Regardez,

[10] Observation participante faite à Busherega, Burhinyi, 20 mars 2009.
[11] Entretien avec 2 agents de développement masculins basés à Birhala Burhinyi, 16 avril 2009.

nous avons été ici la semaine dernière, nous devons voir des progrès ». Aussi, lorsque le Président du CDV et le personnel sur le terrain étaient en désaccord sur une question liée au projet du village, il y avait plus de chance que la réunion publique soit dirigée par le staff du programme lui-même plutôt que facilitée par le Président du CDV.[12] Bien que le personnel ait voulu s'assurer de cette manière que l'idée approuvée en assemblée générale provenait des habitants plutôt que du comité, il a également souligné qu'en cas d'épreuve ou de problèmes, le rendre-compte de bas-en-haut vis-à-vis du personnel de terrain de l'IRC-Tushiriki était le principe primordial.

---

[12] Observation participante faite lors de la réunion publique de Muli sur la ré approbation du budget de projet, Burhinyi, 24 mars 2009.

3.7. Conclusion

Le rendre-compte démocratique est devenu l'un des thèmes populaires dans les zones touchées par le conflit, en particulier au sujet des principes de gouvernance locale, parce qu'elle est connectée avec les causes profondes des conflits dans les pays en développement. Le rendre-compte est également un élément clé dans la partie intangible du programme Tushiriki, un des programmes CDR qui a été exécuté à l'Est de la RDC de 2008 à 2010.

Ce chapitre a analysé les points de vue populaires sur le rendre compte démocratique et ses trois mécanismes tels qu'appliqués dans le programme Tushiriki. Nous avons montré que la mise en œuvre de ces trois mécanismes n'avait pas eu d'impact majeur sur les niveaux de rendre-compte dans le programme. Tout comme les interventions de développement technique, les interventions du côté intangible ne sont pas neutres et doivent être incorporées dans le contexte local pour atteindre le niveau d'impact souhaité. Le premier mécanisme présenté dans le présent chapitre a été l'Assemblée-Générale-Rapport (AGR). L'assemblée, qui a eu lieu au cours d'un culte religieux avait conduit un grand nombre de participants d'y prendre place, bien que le cadre était inapproprié pour la discussion. En outre, selon la culture locale, les questions financières ne doivent pas être débattues en public. Par conséquent, le mécanisme des réunions publiques pour accroître le rendre-compte financier était moins adéquat. Le second mécanisme discuté était l'affichage réglementaire des rapports dans des lieux publics au sein des communautés. Cela avait un impact limité en raison des niveaux élevés d'analphabétisme. En outre, les rapports étaient souvent vite arrachés par des gens qui n'étaient pas au courant du message. Les gens étaient nettement plus habitués à absorber l'information par le biais des récits oraux que par écrit.

Le troisième mécanisme concernait le rôle de « chien de garde » des OBCs. Nous avons montré que les OBCs n'avaient pas souvent la capacité de s'acquitter de cette tâche, ou ses membres étaient trop étroitement liés au CDV pour vraiment agir comme un contrepoids essentiel. Ce dernier aspect parait être difficile à surmonter dans les petites localités où les uns sont connectés aux autres par des liens familiaux ou des clans. Les formations ont tenté de réduire le manque de capacités des acteurs dans le projet, mais avec des résultats limités pour diverses raisons.

Dans la dernière partie du chapitre, nous avons analysé comment le personnel de l'IRC, nonobstant son appui aux idées de rendre-compte social et communautaire, s'est éloigné de celles-ci en pratique. Dans un degré, ils ont adapté l'idée de pratiquer le rendre-compte dans les conditions locales, par exemple en préférant dialoguer avec les détenteurs du pouvoir plutôt que leur demander d'être plus redevables de leurs actions. En revanche, ils ont également réduit la pratique locale du rendre-compte quand ils ont choisi d'exiger plus de rendre-compte au personnel et à l'IRC, plutôt qu'à la communauté.

Eu égard à ce qui précède, pouvons-nous conclure que les gens ne font pas attention au rendre-compte ? Ce n'est certainement pas le cas. D'après nos entretiens et notre observation participante, nous sommes confiants pour dire que les gens se souciaient à ce sujet. Pourtant, le rendre-compte, dans leur perception a pris différentes formes et par conséquent, elle a besoin d'être « lue » différemment par les organismes de développement pour être bien compris. Ceci ressort, entre autres, dans les mots du maçon qui a relevé que les niveaux de confiance entre les gens leur permettaient de poser directement les questions si nécessaire. Tant que les résultats concrets du programme étaient visibles et tangibles aux gens, ils ne se souciaient pas autant de la façon dont les résultats étaient obtenus.

Pour la mise en œuvre réussie des mécanismes de reddition des comptes, les agences de développement et les praticiens de développement ont besoin de s'assurer que les mécanismes s'inscrivent dans le contexte local. Par exemple, il a été noté que les réseaux villageois au Cambodge ont fourni une méthode utile et reproductible de développement de la gouvernance locale participative en milieu rural, parce qu'ils prenaient en compte les valeurs et les normes associées à des formes traditionnelles de l'action collective (Pellini and Ayres 2007). Dans le programme Tushiriki, ce ne fut officiellement pas encore le cas. Une intégration plus forte et une traduction plus appropriée des concepts abstraits dans le contexte local est une voie à suivre pour développer une culture durable de rendre-compte démocratique. Cela pourrait conduire à une culture plus durable de gouvernance locale en RDC et dans les contextes similaires des zones affectées par les conflits et contribuer ainsi, dans une certaine mesure, à la réduction de la pauvreté dans cet environnement.

3.8. Références bibliographiques

Ackerman, J. (2004a). 'Co-Governance for Accountability: Beyond ''Exit'' and ''Voice'', *World Development* 32(3): 447–463.

Ackerman, J. (2004b). "State-Society Synergy for Accountability: Lessons for the World Bank". Washington: The International Bank for Reconstruction and Development/The World Bank, p. 1-54.

Blair, H. (2000). « Participation and Accountability at the Periphery: Democratic Local Governance in Six Countries », World Development, vol. 28, no 1, p. 21-39.

Borren, S. (2000). « Development agencies: global or solo players? », *Development in Practice*, vol. 10, n° 3 & 4, p. 408-419.

Casey, K., Glennerster, R., Miguel, E. (2012). Reshaping institutions: evidence on aid impacts using a pre-analysis plan. *The Quarterly Journal of Economics* (2012), 1755–1812.
Cavill, S. and Sohail M. (2007). Increasing strategic accountability: a framework for international NGOs. Development in Practice, 17, 231-248.
Cliffe, S., S. Guggenheim, et al. (2003). 'Community-Driven Reconstruction as an Instrument in War-to-Peace Transitions', *Social Development Department: Environmentally and Socially Sustainable Development Network*, World Bank: 1–21.
Cronin, D. and J. O' Regan, J. (2002) "Accountability in Development Aid: Meeting Responsibilities, Measuring Performance". A Research Report for Cómhlamh, p. 1-113
De Vita, C. and C. Fleming (2001). *Building Capacity in Nonprofit Organizations*. Washington, DC:The Urban Institute.
Eade, D. (2007). 'Capacity building: who builds whose capacity?', Development *in Practice* 17(4–5): 630–639.
Eyben, R. (2008) « Power, Mutual Accountability and Responsibility in the Practice of International Aid: A Relational Approach », *Institute of Development Studies*, Working Paper, p. 1-51.
Fearon, J., M. Humphreys, et al. (2009). 'Can Development Aid Contribute to Social Cohesion after Civil War? Evidence from a Field Experiment in Post-Conflict Liberia', *American Economic Review* 99(2): 287–291.
Grant, R. and Keohane, R. (2005) « Accountability and Abuses of Power in World Politics », *American Political Science Review*, vol. 99, n° 1, p. 29-43.
Hilhorst,D.J.M. I. Christoplos and G. Van der Haar (2010) 'Reconstruction from below: a new magic bullet or shooting from the hip?', *Third World Quarterly 31* (7), 1107–1124.

Hilhorst, D., (2003). *The Real World of NGOs: Discourses, Diversity and Development*, London: Zed Books.

Humphreys, M. (2008). Community-Driven Reconstruction in the Democratic Republic of Congo, *Baseline Report,* New York, Columbia University, p. 1-49.

Humphreys, M., Sanchez, R. et al. (2012). *Social and Economic Impacts of Tuungane: Final Report on the Effects of a Community-Driven Reconstruction Program in Eastern Democratic Republic of Congo.* New York, Columbia University: 1–78.

IRC and CARE. (2009). *Les Protocoles de TUUNGANE en République Démocratique du Congo*, Version de Janvier 2009. Bukavu: 1–72.

King, E. C. Samii, and B. Snilstveit (2010), 'Interventions to promote social cohesion in sub-Saharan Africa', *Journal of Development Effectiveness* 2(3), 336-370.

Kyamusugulwa, PM. (2013a). 'Local ownership in community-driven reconstruction in the Democratic Republic of Congo', *Community Development 44*: 3, 364–385.

Kyamusugulwa, PM. (2013b). 'Participatory Development and Reconstruction: a literature review', *Third World Quarterly 34* (7): 1265–1278.

Kyamusugulwa, M.(2014a). 'Community-driven reconstruction: capacity building, accountability, power holders, labour and ownership in the Eastern Democratic Republic of Congo'. Wageningen University, PhD Dissertation.

Kyamusugulwa, M., Hilhorst, D. et al. (2014b). Capacity builders for governance: community-driven reconstruction in the eastern Democratic Republic of Congo, *Development in Practice 24* (7): 812–826.

Lemarchand, R. (2002). « The tunnel at the end of the light », *Review of African Political Economy,* vol. 93/94, p. 389-398.

Lily L. Tsai. (2007). Solidary Groups, Informal Accountability, and Local Public Goods Provision in Rural China. *American Political Science Review*. Vol. 101, No. 2, 355-372.

Malena, C., Forster, R., & Singh, J. (2004). *Social accountability: an introduction to the concept and emerging practice.* Washington, DC: The World Bank Social Development Papers, Participation and Civic Engagement.

Marysse, S. (2003). « Regress and war: The case of the DRCongo », *The European Journal of Development Research,* vol. 15, n° 1, p. 73–98.

McBride, L. and N. Patel (2007). 'IRC's Approach to Community-Driven Reconstruction, A basic primer for first generation programming Designed for contextual adaptation', Version *2*: 1–36.

McLean, K., R. Serrano, et al., (2005). Exploring Partnerships between Communities and Local Governments in Community Driven Development: A Framework. *Environmentally and Socially Sustainable Development Network.* Washington, The International Bank for Reconstruction and Development, p. 1-91.

Maynard, K. and Jodi, N.(2007), "The role of culture, Islam and Tradition in Community-Driven Reconstruction. A Study on International Rescue Committee's Approach to Afghanistan's National Solidarity Programme". New York, International Rescue Committee, p.1-20.

Ndikumana, L. and J. Boyce (1998). « Congo's Odious debt: External Borrowing and Capital Flight in Zaire », *Development and Change,* vol. 29, p. 195-217.

Pellini, A. and D. Ayres (2007). 'Community participation in local governance in Cambodia: learning from the village networks approach', *Development in Practice*, vol. 17, n° 3, p. 404-409.

Reyntjens, F. (2001). « Briefing: The Democratic Republic of Congo, From Kabila to Kabila », *African Affairs*, vol. 100, p. 311-317.
Reyntjens, F. (2005). « The privatisation and criminalisation of public space in the geopolitics of the Great Lakes region », *J. of Modern African Studies,* vol. 43, n° 4, p. 587–607.
Reyntjens, F.(2007). « Briefing: Democratic Republic of Congo: Political Transition and Beyond », *African Affairs,* vol. 106/423, p. 307-317.
Rubenstein, J. (2007) « Accountability in an Unequal World (Forthcoming) », *The Journal of Politics*, p. 1-43.
Sneddon, C. and C. Fox, (2007). « Power, Development and Institutional change: Participatory Governance in the Lower Mekong Basin », *World Development,* vol. 35, n° 12, p. 2161-2181.
SV. (2007). "Annex-Activity Plan 2008". The Hague: Stichting Vluchteling; p. 1-3.
SV. and IRC. (2007). Annual Plan 2008: The First year of Rebuilding your Future *Community Driven-Reconstruction in Burundi and Democratic Republic of Congo: A framework towards poverty alleviation in post-conflict countries*. The Hague: Stichting Vluchteling; 1-15.
Tanaka, S., J. Singh and D. Songco, (2006) « A Review of Community-Driven Development and Its application to the Asian Development Bank », Asian Development Bank, p. 1-30.
Vlassenroot, K. and Romkema, H. (2007). "Local governance and leadership in eastern DRC. Oxfam-Novib.
Weijs, B., D. Hilhorst, et al.. (2011). Livelihoods, basic services and social protection in the Democratic Republic of the Congo: Country evidence paper. Wageningen, Wageningen University, Disaster Studies, p. 1-68.
Wenar, L. (2006) « Accountability in International Development Aid », *Ethics and International Affairs*, p. 1-35.

Photo 3.1: *président du CDV Kanyimba pendant l'assemblée générale rapport à Burhinyi, Sud-Kivu*

Photo 3.2: *affichage du CDV Mubona montrant les rapports financiers par tranche, Luhwindja, Sud-Kivu*

4. Détenteurs de pouvoir et dynamiques sociales dans la reconstruction communautaire à l'Est de la RDC

Patrick Milabyo Kyamusugulwa et Dorothea Hilhorst

4.1. Introduction

De plus en plus, la reconstruction post-conflit implique des programmes participatifs où les communautés sélectionnent et mettent en œuvre des projets de reconstruction à petite échelle avec le double objectif de restaurer les infrastructures et les services et promouvoir des politiques de développement redevables. Ce chapitre analyse les types et dynamiques des relations de pouvoir au sein d'un programme de reconstruction dirigée par la Communauté (CDR dans son acronyme en Anglais) à l'Est de RDC. Alors que la CDR a pour but de donner le pouvoir à la population et à outrepasser les élites locales réputées être des prédateurs, nous trouvons que les projets au niveau du village doivent leur succès à l'implication de ces élites dans le programme. La sélection et l'exécution des projets de reconstruction ont été moins le résultat d'un processus démocratique par lequel les communautés locales expriment librement une préférence pour le bien public, mais plutôt le résultat des actions des détenteurs de pouvoir existants. Plutôt que de saisir les avantages immédiats des projets, les détenteurs de pouvoir qui représentent les institutions existantes basées sur les relations de parenté, d'identité commune et de religion, ont souvent eu plus d'intérêt pour la promotion de la bonne mise en œuvre des projets, comme un moyen de renforcer leur base de pouvoir dans la communauté. Ainsi, certaines élites sont mieux que d'autres. Le chapitre est basé sur des données du projet pour démontrer que, dans l'actuelle RDC, les églises sont plus puissantes dans le développement local que les chefs. Le chapitre conclut qu'à l'Est de la RDC, les programmes de développement devraient impliquer des églises dans l'équation de la gouvernance et investir à mieux comprendre le fonctionnement et le rendre-compte des églises pour le développement.

La reconstruction après les conflits dans les années 1990 a été critiquée d'être trop centrée sur l'Etat et de haut-en-bas (Paris, 2004; Barakat and Zyck, 2009; Kyamusugulwa *et al.*, 2014). En réponse, les agences de développement ont cherché de plus en plus à développer des approches alternatives qui visent à renforcer les institutions au niveau local. Une de ces approches popularisées par la Banque Mondiale et les ONG internationales est la reconstruction dirigée par la communauté (CDR) où les institutions démocratiques sont introduites dans les communautés pour sélectionner, gérer et mettre en œuvre les projets de reconstruction. Ces programmes ont le double objectif de restaurer les services et les infrastructures, tout en améliorant la reddition des comptes au cours de l'exécution de ceux-ci (Kyamusugulwa, 2013a). Des programmes CDR à grande échelle ont été exécutés par l'International Rescue Committee (IRC) à l'Est de la RDC touché par le conflit.

Tout en mettant en place des comités de développement redevables dans les villages, les programmes CDR avaient besoin de considérer comment faire face aux détenteurs du pouvoir en place, qui peuvent ne pas être perçus par les intervenants comme redevables ou démocratiques (Gaventa, 2006, pp. 23–27; Hickey and Kothari, 2009, p. 89; Kyamusugulwa, 2013b). Les programmes CDR faisaient alors face à la question stratégique de savoir s'ils devraient outrepasser ou associer les détenteurs actuels du pouvoir. L'IRC avait opté pour la première stratégie et avait cherché à établir des comités d'hommes et de femmes élus qui devraient gérer un petit fonds pour la reconstruction locale. Le programme repose sur l'idée selon laquelle la participation de la population dans le processus décisionnel renforce leur capacité à gérer le passage de la phase de conflit à la phase de développement (Maynard and Jodi, 2007). L'implication des citoyens directement dans les systèmes de gouvernance leur permettra de contourner les autorités locales ou d'appeler ces autorités à rendre compte dans l'exercice de leurs fonctions. Notre recherche a suivi ethnographiquement la mise en œuvre de l'un des programmes de CDR, appelé Tushiriki[13] (qui signifie impliquons-nous ensemble), exécuté par l'IRC avec un financement de Stichting Vluchteling basé aux Pays-Bas.

Ce chapitre est donc axé sur le rôle des élites dans le programme de CDR. Malgré que la conception du programme visait à contourner l'élite, nous avons supposé que les élites joueraient néanmoins un rôle dans le programme. Nous avons voulu examiner le rôle des élites pour améliorer notre compréhension des dynamiques de la reconstruction dirigée par la communauté. En même temps, nous avons voulu utiliser la recherche pour observer « l'élite en action » et de chercher ce que cela pourrait nous apporter comme informations sur les relations de pouvoir local à l'Est de la RDC. Il est reconnu que les chefs traditionnels, les chefs religieux ou les autres formes d'autorité jouent un rôle crucial dans la réforme du secteur public et des interventions de développement participatif (Blair, 2000; Sneddon and Fox, 2007) ; pourtant, leur rôle réel et leurs interactions dans ces interventions sont sous-investigués (Lyne, 2008; Scott,

[13] Le programme Tushiriki était très similaire au programme Tuungane plus vaste, financé par Département pour le Développement International du Royaume-Uni (UK-DFID).

2011). En outre, les programmes de développement à l'Est de la RDC sont incertains de l'élite – susceptibles d'accaparer des avantages du développement à des fins individuelles plutôt que pour le bien public. Ce chapitre explore donc comment et avec quel effet l'élite interfère dans les projets. Comme les approches participatives pour la reconstruction et le développement après les conflits visent à rendre les relations de pouvoir inclusifs, justes et favorables aux pauvres, nous argumentons qu'on devra commencer par comprendre où et comment s'engager (Gaventa, 2006; Hickey and Kothari, 2009). Les détenteurs du pouvoir, qui représentent les institutions existantes basées sur les relations de parenté, d'identité commune et de religion, peuvent être des perturbateurs de développement, mais ils peuvent à la fois contribuer au potentiel de réussite des initiatives de celui-ci.

La gouvernance en RDC a historiquement été organisée dans un pluralisme institutionnel, où l'État peut ne pas jouer un rôle central à côté des chefs traditionnels, des organisations religieuses ou des acteurs internationaux du développement. Les églises, en particulier, se sont présentées comme des autorités en matière de prestation de services, tels que la santé et l'éducation. Les pratiques qui évoluent autour de la CDR offrent une fenêtre afin d'examiner le pouvoir relatif de ces différentes autorités et la façon dont elles se mettent en relation, s'entrecroisent ou se concurrencent les unes les autres. Comment ces élites se connectent-elles, quelle élite est plus influente que d'autres, et où se situe le pouvoir réel ? Comment les agences existantes influencent l'issue de l'une ou l'autre intervention ? Et, surtout, est-ce que l'accaparement par les élites est toujours nuisible au développement ?

En analysant le rôle des détenteurs de pouvoir dans la reconstruction dirigée par la communauté, le présent chapitre vise également à contribuer aux débats sur la gouvernance en RDC. Alors qu'il est largement admis que la gouvernance en RDC est hybride, ou caractérisée par une multiplicité institutionnelle, les relations réelles et les formes quotidiennes de l'interaction entre les différentes autorités sont peu comprises, même si cela est crucial dans la formation de la gouvernance sur le terrain. Comment la multiplicité institutionnelle affecte l'ordre et la sécurité, la provision des services publics et la régulation des accès et droits (Der Haar and Heijke, 2013)? En suivant les processus de sélection des projets pour la reconstruction dans 34 villages, nous nous proposons d'établir le poids relatif des élites dans la gouvernance de la provision de services publics. Pour ce faire, nous avons suivi dans un certain nombre de cas, si les dirigeants d'église ou les chefs locaux étaient les plus dominants dans la prise de décision et dans la mise en œuvre du projet et comment cela était lié aux résultats du développement. Comme les dirigeants de l'église favorisent systématiquement la reconstruction scolaire, alors que les chefs préfèrent la construction de routes, la distribution de ces projets nous éclaire un peu sur le pouvoir relatif de ces élites. Ceci est conforme à l'étude de Titeca et De Herdt (2011) qui ont trouvé qu'en RDC, alors que l'Etat gère les écoles, les églises les administrent. Le résultat tourne notre regard vers les églises comme la plus influente autorité pour le développement, qui soulève un certain nombre de questions pour les politiques de développement et les stratégies en RDC (Titeca and De Herdt, 2011).

La section suivante de ce chapitre précise le cadre conceptuel qui sous-tend l'analyse et est suivie d'une section qui décrit l'évolution de l'État, des églises et des autorités traditionnelles en RDC et au Sud-Kivu. Après avoir énoncé ce contexte, le chapitre présente trois sections avec les résultats des pratiques de la reconstruction dirigée par la communauté, montrant l'influence omniprésente des élites dans la mise en œuvre du programme, les manières dont interagissent différents niveaux et types de pouvoirs et le pouvoir relatif des autorités au niveau local. La dernière section discute les résultats et conclut le chapitre.

4.2. Pouvoir, autorité et élites

Le concept de 'détenteurs de pouvoir' se réfère en premier lieu à l'autorité, à la légitimité et à la force. D'une figure d'autorité provient une certaine commande sur les autres en raison de sa position ou de ses connaissances. Max Weber classifie l'autorité légitime en trois types : rationnel, traditionnel et charismatique (Pakuluski, 1986). La domination rationnelle est basée sur un système de règles sous lesquelles ceux au pouvoir commandent. La domination traditionnelle repose sur une croyance dans le caractère sacré de traditions immémoriales et la légitimité du statut de ceux qui commandent sous celles-ci. La domination charismatique repose sur la dévotion aux sanctions exceptionnelles, à l'héroïsme ou au caractère exemplaire d'une personne physique et aux modèles normatifs exposés ou qu'on entend d'elle (Wolin, 1981). Les trois types de légitimation peuvent coïncider et se renforcer mutuellement. Dans les pays d'Afrique centrale, en particulier à l'Est de la RDC, l'autorité repose souvent, essentiellement sur les « pouvoirs spirituels », ou l'énergie de commande spéciale des pouvoirs de guérison (Douglas, 1966). Les gens croient que ceux qui occupent des postes d'autorité, comme les rois et les dirigeants d'églises, sont dotés d'un pouvoir spirituel, ce qui n'est pas seulement soumis à un contrôle et à une légitimation, mais peuvent également être utilisés pour la bénédiction ou la malédiction.

Ces dernières années, la gouvernance en RDC – comme dans nombreux États africains contemporains – a été caractérisée comme un ordre politique hybride ou une situation de multiplicité institutionnelle. Dans les ordres politiques hybrides, tels que définis par Boege, Brown et Clements (2009), les structures d'autorité diverses et contradictoires, des ensembles de règles, des logiques d'ordre et des prétentions au pouvoir coexistent. Ils se chevauchent, interagissent et s'entrelacent, combinant des éléments découlant des traditions autochtones locales et des éléments des modèles occidentaux de gouvernance (Boege *et al.*, 2009). Il y a multiplicité institutionnelle en ce sens qu'il y a plusieurs ensembles d'institutions qui sont chacune issue de différents cadres normatifs, s'appuyant sur des trajectoires historiques distinctes de légitimation (Di John, 2008). L'autorité et le pouvoir commandé par l'autorité en RDC n'est donc pas une donnée mais le résultat de l'interaction entre ces détenteurs de pouvoir différents et la population. L'autorité et les élites sont des concepts étroitement liés en RDC. Les membres de l'élite trouvent leur pouvoir dans leur position, renforcée par des éléments du pouvoir économique et / ou de l'éducation. Les commandants militaires, les employés des ONG et les enseignants, par exemple, font partie de l'élite.

Les relations de pouvoir sont des relations d'influence sociale dans lesquelles les opinions et les attitudes d'une personne affectent les opinions et les attitudes d'une autre personne (Mitchell and Reid, 2001; Gaventa, 2006; Wragg, 2006). Les détenteurs de pouvoir peuvent utiliser des stratégies dures en cherchant l'obéissance par l'intimidation et l'agression ; ils peuvent utiliser des stratégies rationnelles par la négociation et la logique ; ou ils peuvent utiliser des stratégies souples en cherchant la soumission de manière polie, amicale ou plus humble (Adams, Sartori *et al.*, 2007). Les toiles du pouvoir sont souvent tissées à travers les relations patron-client, où les « patrons » en RDC sont souvent désignés comme des grands hommes. Les gens dépendent pour leurs moyens de subsistance de différentes façons de ceux qui dirigent les institutions existantes (Daloz, 2003; Platteau, 2004; Richards, 2004). Ces relations de patronage sont basées sur des lignées complexes et d'autres liens sociaux et enflammés par l'espoir qu'investir dans la relation se traduira par un certain niveau de protection sociale (Wood, 2003). Les communautés locales peuvent tolérer leurs patrons, quand ils abusent du pouvoir entre leurs mains, tant que ces derniers peuvent répondre à leurs demandes associées à leurs moyens de subsistance quotidienne.

Les relations entre les élites et le développement sont diverses. Alors que l'inquiétude face à l'accaparement des élites, là où le pouvoir peut être exercé pour des intérêts individuels plutôt que pour l'intérêt de la communauté a souvent dominé les débats du développement (Platteau and Gaspart, 2003). Nous avons trouvé une reconnaissance croissante que le contrôle de l'élite peut également être exercé dans l'intérêt communautaire plutôt que pour un enrichissement personnel (Dasgupta and Beard, 2007). La CDR vise à accroître la motivation des populations pour le développement des biens publics. Ostrom définit les biens publics comme ceux qui « produisent des avantages non-soustractifs dont de nombreuses personnes qui ne sauraient être exclues de ces avantages peuvent en jouir conjointement » (Ostrom, 1990; Kelsall, 2009). En ce qui concerne la fourniture de biens publics, l'implication de l'élite peut s'exprimer par « la mauvaise capture par l'élite ». Dans cette forme, les décisions locales sont prises par les élites locales puissantes, qui peuvent dominer le développement participatif soit en choisissant les projets qui représentent leurs propres préférences plutôt que la préférence communautaire ou en abusant des fonds fournis à la collectivité (Blair, 2000; Munoz, Parades *et al.*, 2007). En même temps, les membres de la communauté peuvent renoncer à se plaindre à propos d'un projet, même quand il ne reflétait pas leur choix, par crainte de ne pas recevoir un autre projet à l'avenir (Labonne and Chase, 2007). En revanche, dans le contexte de l'Afrique, la participation de l'élite peut s'exprimer par « la bonne capture par l'élite». Dans cette forme, les notions d'obligation morale et de redevabilité interpersonnelle contribuent à la canalisation des énergies dans la famille, selon l'origine ethnique, la religion et le rituel, qui sont des fondements potentiels pour construire une nouvelle stratégie de développement. Bien que nous parlions souvent des détenteurs du pouvoir, le pouvoir ne peut être tenu, mais devient manifeste dans son exécution, et nous devons établir empiriquement comment cela fonctionne en pratique, et pourquoi certaines élites sont mieux que d'autres. Le programme CDR fournit l'opportunité d'observer ces processus en action.

4.3. Le pouvoir et la gouvernance en RDC et au Sud-Kivu

Le pluralisme institutionnel peut couvrir une gamme variée d'ensemble d'institutions, y compris l'État, les autorités non-étatiques ou les rebelles, les interventions extérieures, les mouvements sociaux ou des ordres religieux. Pour la prestation des services, les institutions centrales sont surtout l'Etat et les autorités traditionnelles, d'une part et les églises d'autre part. Dans cette section, nous les présentons brièvement.

4.3.1. Les clans, les rois et l'histoire de l'État

Vansina décrit la société précoloniale des royaumes *Shi*, actuellement le Kivu, comme des campements dispersés, liés à une tradition politique de centralisation basée sur une royauté sacrée. Le titre du *Mwami*, ou roi, était limité à l'aîné de la première épouse, tandis que les autres fils étaient des princes qui formaient une aristocratie qui était le cadre de l'État (Vansina, 1990). La légitimité du roi et des chefs dans les temps précoloniaux découlait du pouvoir sur la terre et le bétail (Kelsall, 2008). Sosne stipule que « chaque royaume *Shi* est dirigé par un souverain (*Mwami*) auquel appartiennent toutes les terres et bétail dans sa région » (Sosne, 1979). La personnalité du roi est censée incarner l'identité de son peuple, et la croyance que la position du roi est sacrée est fortement attachée à la tradition de la culture *Shi*. Les habitants doivent obéissance au roi et à ses représentants qui sont des chefs locaux. Le proverbe *Shi* « *Ecihugo cirhali mwo mwami, cirhalongera, cirhania mwo nkuba* », signifiant « Un État sans roi ne peut être ni en harmonie, ni prospère », illustre le respect au roi tenu pour acquis pour un roi dans cette société depuis l'ère précoloniale jusqu'aujourd'hui (Munzihirwa, 2002).

Avec le passage du temps, cependant, surtout quand les moyens de subsistance locaux sont devenus beaucoup plus basés sur le salaire en raison de l'emploi, ou basé sur le travail autonome à travers le commerce ou de l'exploitation de l'or, la base du pouvoir sur la terre et le bétail a changé progressivement, affectant le pouvoir sacré du roi. Le proverbe *Shi* « *Obwami bwali mira; bunola akasi kinja kalushire enkafu* », ou « la royauté existait jadis; de nos jours un bon salaire vaut mieux que les vaches », est un exemple. Néanmoins, comme la terre continue à être importante, le royaume reste la principale institution de règlement des différends fonciers.

Nonobstant le respect dont les rois jouissaient avant l'arrivée des belges dans la région, l'institution de la royauté a souffert pendant la période coloniale, à la fois dans sa tradition et son pouvoir sur le peuple. À partir de 1906, chaque chefferie est devenue partie du système administratif colonial qui a conduit à une usure majeure du système royal. Les chefs qui n'étaient pas loyaux envers le système colonial ont été suspendus ou remplacés par des chefs sans aucun lien ancestral avec les populations (Ngoma-Binda, Otemikongo *et al.*, 2010). Une tendance semblable a été observée dans les guerres récentes lors de certains mouvements de rébellion contraignant la loyauté des rois pour prendre le contrôle des populations (Tull, 2003). Une autre différence est que l'administration coloniale avait confisqué des terres afin d'établir des parcs nationaux et des forêts anti-érosives (VanAcker, 2005).

Sous le régime de Mobutu après l'indépendance, le statut des chefs traditionnels a été partiellement relancé lorsque les chefs traditionnels sont devenus partie des réseaux de Mobutu pour consolider son pouvoir ou récupérer une certaine place dans l'acquisition des terres. En 1973, Mobutu a pris une ordonnance déclarant toutes les terres comme un bien de l'État et les *Bami* (c'est-à-dire plus d'un *Mwami*) ont été placés dans une position de médiation entre les réseaux du droit coutumier et le patronage de l'État (Tull, 2003; VanAcker, 2005). Dans la Constitution de l'après-guerre du 18 février 2006, il est attribué aux autorités coutumières le rôle de lier l'administration centrale à la population. L'article 207 de cette Constitution stipule : « l'autorité coutumière est reconnue. Elle est dévolue selon la coutume locale, autant qu'elle n'est pas contraire à la Constitution, à la Loi, à l'ordre public et aux bonnes mœurs. Chaque chef coutumier qui désire exercer un mandat électif public devrait être élu, ou être coopté pour un mandat de cinq ans renouvelables. L'autorité coutumière a le devoir de promouvoir l'unité nationale et la cohésion ». De nos jours, parmi les 261 chefferies et 476 secteurs en RDC, 18 chefferies et cinq secteurs sont dans la province du Sud-Kivu (Mambi, 2010; CEI, 2006; CTAD, 2013). Comme le montre la figure 4.1, la représentation officielle de l'État atteint le niveau de la chefferie, où le Chef de Poste d'Encadrement Administratif (CPEA)[14] est l'administrateur. Les territoires comprennent plusieurs chefferies et groupements, qui sont dirigés par des chefs traditionnels liés à l'administration de l'État. Les rois et

[14] En fait, il est basé dans le centre administratif d'une chefferie située loin du siège de l'administrateur du territoire (c'est-à-dire au centre administratif du territoire). Par exemple, le CPEA Burhinyi est basé à Birhala tandis que l'administrateur du territoire est basé à Mwenga Centre.

les chefs traditionnels exercent le pouvoir sur leur peuple en contrôlant l'administration locale et en contrôlant les terres sous un système juridique pluraliste (Voir Figure 4.1).[15]

Figure 4.1: *Structure administrative au niveau du territoire dans la province du Sud-Kivu*

Source : Kyamusugulwa, 2012

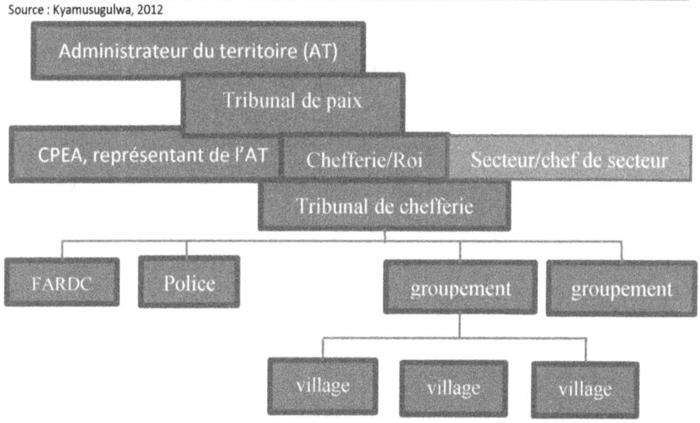

Légende : AT : Administrateur du Territoire ; CPEA: Chef de Poste d'Encadrement Administratif ; FARDC : Forces Armées de la République Démocratique du Congo

4.3.2. Histoire de l'église et sa structure de gouvernance

Les églises catholique et protestantes ont joué et continuent de jouer un rôle important dans les secteurs de l'éducation et la santé en RDC, en particulier dans la province du Sud-Kivu. Comme les belges n'ont pu conquérir l'Est du Congo qu'après le Congo occidental à la fin du XIXème siècle, l'activité missionnaire protestante officielle n'a pu atteindre ce milieu qu'au début du XXème siècle. Seay fait remarquer que le Congo est parmi les quelques pays où le gouvernement (à la fois colonial et

[15] Ce processus restera inchangé même dans le contexte de la décentralisation, parce que conformément à la Constitution du 18 février 2006, l'autorité coutumière est reconnue et elle est dévolue selon la coutume locale, autant qu'elle n'est pas contraire à la Constitution, à la Loi, à l'ordre public et aux bonnes habitudes.

indépendant) a permis tout d'abord aux missionnaires, puis à l'église nationale d'organiser et d'administrer le système scolaire pour le reste de la nation (Seay, 2009). Au Sud-Kivu, comme dans d'autres parties de l'ancienne province du Kivu, l'Eglise Catholique était établie aux côtés de l'administration coloniale pour l'évangélisation et la mission civilisatrice (Ganywamulume, 1997).

En 1973, au cours de la période postindépendance, le régime de Mobutu avait pris la mesure de nationaliser toutes les écoles et hôpitaux ainsi que les entreprises appartenant à des étrangers, une politique dite de « Zaïrianisation ». Ses effets ont été rapidement dévastateurs, dans la mesure où une nette diminution dans la fourniture de services de l'État était visible. Il s'agissait d'un tournant dans l'Etat Mobutiste, qui devenait de plus en plus incapable de remplir ses fonctions supposées d'un État, comme la provision de services de santé et d'éducation. En 1977, l'éducation nationalisée était si mauvaise que Mobutu avait demandé aux églises de reprendre leur responsabilité dans l'administration et la gestion des écoles publiques. Comme l'Etat Mobutiste avait retiré ses responsabilités dans le secteur de l'éducation, il avait fait de même dans le secteur de la santé, laissant un espace pour les organisations de la société civile de prendre en charge les fonctions de l'Etat. Il n'est pas surprenant que, dans les années 1990, pendant les guerres et même à la suite des conflits, l'État n'avait pas la possibilité de récupérer ses fonctions. De la même manière que les routes n'étaient pas entretenues, les écoles et les hôpitaux n'étaient pas équipés et les enseignants et les professionnels de la santé n'étaient pas rémunérés.

Maintenant, quelle est la structure de gouvernance dans les organisations de l'église ? Cette description est importante car les églises ne sont pas simplement des partenaires du gouvernement pour fournir des soins de santé et d'éducation ; elles peuvent également être considérées comme concurrentes de l'État ou ses substituts. Les églises ont toujours conservé une certaine autonomie vis-à-vis de l'État et elles font partie des quelques institutions congolaises qui ne se sont jamais effondrées, et elles n'ont pas fait partie des réseaux de patronage du régime Mobutiste (Seay, 2009).

Dans les principaux milieux de recherche pour le présent chapitre, à Burhinyi et à Luhwindja, deux églises sont dominantes : l'Eglise Catholique Romaine et l'église protestante initiée par la Mission Libre Norvégienne, aujourd'hui connue comme la 5ème Communauté des Eglises Libres de Pentecôte en Afrique (5ème CELPA). Les deux types d'églises ont été lancés par les missionnaires européens (de l'Italie et de la Belgique pour l'église catholique et de la Norvège pour l'église protestante). L'Eglise Catholique est plus hiérarchique, comme son administration suit une ligne verticale stricte du Pape à Rome, par le biais de l'archevêque de Bukavu jusqu'au curé dans les paroisses locales. L'église protestante est plus décentralisée : elle a son siège social à Bukavu, suivi vers le bas par le district religieux dans la zone où beaucoup de ses églises locales sont réparties dans les villages. Vers le haut, la 5ème CELPA est membre de l'Eglise du Christ au Congo, qui est un organe représentant toutes les églises protestantes, reconnues par l'État Congolais, ayant son siège social basé à Bukavu et à Kinshasa. Il y a une seule paroisse catholique dans chaque chefferie, et chaque paroisse gère une série de chapelles qui en dépendent. La 5ème CELPA a connu une croissance exponentielle au cours du mouvement de l'évangélisation de la région et a maintenant des églises dans pratiquement tous les villages. La vaste expansion a donné lieu à des initiatives mal équipées pour construire des écoles et à la fin des années 1990, les violences liées au conflit ont exacerbé la destruction des infrastructures qui étaient déjà en mauvais état.

Les deux types d'église bénéficient d'agences d'aide : l'église catholique avec des organismes tels que Caritas International et Catholic Relief Services et des organisations associées aux organismes norvégiens pour l'église protestante. Les subventions sont dirigées vers des activités telles que l'éducation, la santé et autres besoins similaires. Bref, comme l'a observé Kelsall (2008), on peut remarquer que ces églises influent beaucoup sur la vie quotidienne des habitants de ces chefferies en spiritualité et en services sociaux (Kelsall, 2008). Localement, les deux églises sont régies chacune par un comité d'église qui rend compte à ses dirigeants plus qu'aux membres de l'église. En fait, ni le comité de l'église ni l'assemblée des membres de l'église ne peut révoquer un pasteur ou un prêtre.

4.4. Tushiriki en tant que programme de reconstruction communautaire

La reconstruction dirigée par la communauté applique la méthodologie du développement axé sur la communauté dans un contexte post-conflit. Elle met l'accent sur la construction d'une structure de gouvernance qui souligne le choix local et le rendre-compte et promeut une livraison rapide et efficiente de l'aide à la reconstruction localement (Tanaka, 2006).

Tushiriki est un programme CDR mis en place par l'International Rescue Committee (IRC), basé aux Etats-Unis. La CDR vise à travailler directement avec les citoyens, plutôt qu'avec les autorités ou les élites. Elle a délimité des zones d'intervention d'environ 17 177 familles /ménages. Ces zones habituellement ne coïncident pas avec l'organisation administrative régulière des groupements ; néanmoins, elles sont appelées « villages ». Dans chaque zone cible, 10 représentants (cinq hommes et cinq femmes) étaient choisis pour former le Comité de Développement du Village (CDV). Il y avait aussi de plus grandes zones cibles, composées de 34 CDV, qui sont appelées « sous-communautés » et qui sont régies par des comités composés de représentants des CDV. Après une série de réunions – où au moins 40 % de la population adulte devrait être présent, chaque village cible a obtenu un montant de 3 000 $US à utiliser pour exécuter un projet de reconstruction choisi par la communauté.

En outre, les communautés recevaient un montant variant de 50 000 à 70 000 $US, selon la taille de la population (IRC and CARE, 2009). Dans ce chapitre, nous nous concentrons sur le niveau des villages, étant donné que lors de nos visites de terrain, les processus au niveau communautaire étaient devenus davantage dirigés par l'entrepreneur que par la communauté. Par exemple, dans la communauté de Cibanda II, les membres du Comité s'étaient plaints qu'ils n'avaient rien à dire dans le processus décisionnel de la mobilisation des habitants pour creuser le canal pour les conduites d'eau, parce que ceux-ci étaient payés par l'entrepreneur sans un consentement du Comité CDC.

4.4.1. Contexte

Cette recherche a été menée en République Démocratique du Congo, en province du Sud-Kivu, en territoire de Mwenga, spécialement dans les chefferies dc Burhinyi et de Luhwindja, où le programme CDR Tushiriki a été exécuté par l'IRC, de 2008 à 2010. Burhinyi est à 94 kilomètres et Luhwindja à 67 kilomètres du chef-lieu de la province du Sud-Kivu, Bukavu. La population appartient à l'ethnie *Shi*. Burhinyi et Luhwindja sont deux chefferies peuplées de 103 066 habitants ; Burhinyi a 18 groupements et Luhwindja 9. Il y avait 34 villages Tushiriki au total dans les deux chefferies, avec un total de 44 173 habitants. Ces « villages » étaient composés d'environ 1 200 habitants chacun, souvent un hameau d'un groupement. Les 34 « villages » ont été regroupés dans 8 « communautés », comprenant chacune environ 6 000 habitants.

4.4.2. Méthodologie de recherche

Ce chapitre est basé sur la recherche qualitative dans 15 des 34 villages ciblés par le programme IRC/Tushiriki dans les chefferies de Burhinyi et Luhwindja; c'est-à-dire que sur quatre des huit communautés cibles : Budaha et Birhala dans la chefferie de Burhinyi et Cibanda II et Karhundu dans la chefferie de Luhwindja. Il présente les résultats de ces 15 villages et souligne les cas de deux villages, expressément sélectionnés afin d'analyser les questions de relations de pouvoir et de dynamiques sociales au cours de l'exécution du programme. Les deux villages étaient de petite taille et homogènes sur le plan de l'ethnicité. À Mubone, l'église a joué un rôle actif dans le projet, ce qui illustre le rôle des élites observées dans les milieux de recherche. Ciriri était simultanément ciblé par plus d'un organisme international pour la reconstruction et était exceptionnel pour avoir été le lieu d'une contestation ouverte de l'autorité locale, donnant des pistes sur les niveaux interconnectés de pouvoir qui opèrent en RDC.

Au cours de la période de collecte des données, nous avons passé près de deux ans (de 2008 à 2010) dans la région, où nous avons réalisé des entretiens tant formels qu'informels, dont certains ont été répétés (c'est-à-dire parfois plus d'une fois auprès des mêmes répondants) à différents moments de la mise en œuvre du projet. Ces entretiens ont été semi-structurés et couplés avec une observation participante au cours de la planification du projet et de l'exécution. Par exemple, nous avons participé à des réunions publiques tenues dans le cadre du programme Tushiriki concernant l'élection et l'approbation des projets et rapports, ainsi que les offices religieux du dimanche dans les églises catholiques et protestantes, pour comprendre le rôle des églises dans le projet. Nous avons également participé au travail manuel, au cours de la reconstruction d'une route locale, où nous avons identifié les principaux acteurs dans les processus d'exécution du projet. Enfin, nous avons visité les sites de reconstruction, qui ont été subventionnés par d'autres organismes, tels que les Comité Anti-Bwaki/ICCO[16][17] et *Associazione Volontari per il Servizio Internazionale*/ le fonds d'urgence de l'UNICEF (AVSI/UNICEF).

Les participants aux entretiens étaient des autorités locales (le CPEA, le chef de la localité, le chef de groupement et le chef de la chefferie/*Mwami*) et les chefs religieux (pasteurs responsables, curé catholique et anciens des églises), les résidents des villages respectifs (c'est-à-dire, les hommes et les femmes) et l'élite instruite (directeurs d'école, enseignants et élèves du secondaire) qui dirigeaient la plupart de CDV. Au total 134 participants, dont certains ont été interrogés individuellement ou collectivement, fournissant leurs points de vue sur ce qui s'est produit dans leurs villages respectifs.[18]

4.4.3. Mubone : le rôle des élites dans CDR

Mubone est un village situé dans le groupement de Karhundu au Sud-Est de la chefferie de Luhwindja. Il est accessible par une marche de 20 minutes sur la route

[16] ICCO est l'organisation inter-églises pour la coopération au développement. Voir http://www.ICCO.nl

[18] Certaines entrevues ont été enregistrées sur bande, tandis que d'autres ne l'étaient pas, faute d'énergie dans cette zone rurale du Sud-Kivu. Ces entretiens (formels et informels, enregistrés ou non) ont été transcrits dans un manuscrit de Patrick Milabyo Kyamusugulwa.

principale Kaziba-Luhwindja. Ses habitants sont originaires de la même ethnie, le Bahwindjahwindja dans cette région rurale. La majorité est protestante et appartient à l'église 5ème CELPA, certains habitants sont catholiques.

L'institution dominante dans la région est l'église locale de la 5ème CELPA. Sa concession abrite également la seule école dans la région qui a été construite et gérée par l'église. Les dirigeants de l'église sont très respectés dans la région. Ils incarnent le pouvoir de baptiser les nouveaux chrétiens et prier pour ceux qui ont des malheurs, pour le mariage et pour la paix dans la région. Comme dans d'autres milieux où les dirigeants de l'église sont initiateurs des écoles et des centres/postes de santé, ils symbolisent également le pouvoir au-dessus du directeur de l'école primaire de Mubone. Ils ont leur mot à dire sur qui doit accéder à l'école. Leur position dans le village les met également dans un lien privilégié avec les chefs, la police et les autorités militaires.

L'influence de l'église était très visible dans la composition du comité de développement du village Tushiriki. Deux des dix postes du CDV étaient occupés par le pasteur et sa femme. D'autres membres influents du CDV étaient des membres ou des anciens de la même église. Le président masculin du CDV était un des anciens de l'église et le directeur d'une autre école primaire de la 5ème CELPA dans le village voisin. D'autres membres influents du CDV (y compris la présidente du CDV) étaient des enseignants d'école primaire. Les membres catholiques représentaient 30 % du CDV, parmi lesquels était un enseignant dans une autre école, qui était géré par l'église catholique.

Au cours de la séance de sélection du projet, qui a eu lieu à l'église, l'école primaire Mubone, qui était dans un état lamentable avant sa réhabilitation, avait été choisi comme le projet du village au sein du programme Tushiriki/IRC. Avant que le projet soit sélectionné, un certain nombre de réunions publiques ont été organisées pour élire les membres du CDV, approuver le budget du projet et autres. Comme le temps passait avant le démarrage du projet, les résidents étaient moins intéressés par les réunions publiques. Ils pensaient que IRC-Tushiriki n'était pas différent d'autres organismes qui font des promesses sans aucune réalisation concrète dans le village.

Conformément au statut de Tushiriki, une autre réunion était nécessaire avant que l'argent soit versé ; les leaders religieux – confiants dans le projet – sont entrés dedans. Au cours d'un culte, le président du CDV, en même temps ancien de l'église a annoncé : « la dernière fois, la réunion de Tushiriki a été annulée faute de quorum (soit 40 % de la population adulte de l'ensemble du village). Nous courons le risque de perdre le financement Tushiriki. Si vous dites « oui », le projet se poursuivra. Comment pouvez-vous permettre que notre école, l'école dans laquelle vos enfants étudient, ne soit pas réhabilitée juste à cause de votre absence à une réunion !». Il a ensuite donné l'instruction : « s'il vous plaît, les présidents des trois chorales locales, prenez soin de vos gens. Nous tenons à voir tout le monde, chrétiens et non chrétiens ».[19] Alors que l'annonce était donnée, le pasteur principal se situait à la porte principale du bâtiment de l'église, attirant une attention particulière à la façon dont les participants réagissaient. Le lendemain, la réunion s'est tenue en effet et le quorum a été atteint, et le budget approuvé à l'unanimité. Le vote s'est passé en déposant un petit bulletin dans la grande urne « oui » ou la petite urne « non » (Cfr. Photo 4.1). Il n'y avait aucune confidentialité

[19] Observation participante faite par Patrick Milabyo Kyamusugulwa, le 16 Novembre 2008 à l'église Mubone 5e CELPA.

comme tout le monde pouvait voir dans quelle boîte, tout le monde mettait le bulletin de vote.[20]

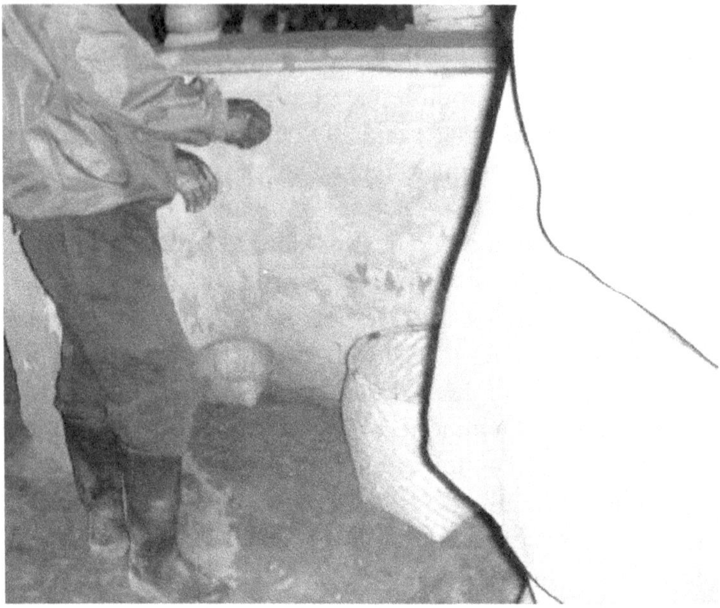

Photo 4.1 : *différence de taille des paniers - urnes d'approbation du budget du projet - village Mubone (Source : Kyamusugulwa 2008)*

Dans le cas de Mubone, le chef avait assisté au culte et à la réunion publique, mais il n'a joué aucun rôle actif dans les réunions ou la supervision de l'exécution du projet.

Le rôle actif de l'église s'était poursuivi au cours de la mise en œuvre du projet. Quand nous avions visité le village le 22 janvier 2009, nous avions trouvé le pasteur responsable, cuisant les briques pour l'école dans un four, là où un groupe d'écoliers produisaient les briques, sous la stricte supervision de leur directeur d'école. Les femmes étaient mobilisées par les chefs religieux à transporter le sable de la rivière Namnana jusqu'au sommet de la

[20] Observation participante faite par Patrick Milabyo Kyamusugulwa, le 17 novembre 2008 lors de l'approbation du budget du projet à l'église Mubone 5e CELPA.

montagne où se trouvait l'école (environ une heure de marche).

Les résidents qui n'étaient pas membres de cette église contribuaient moins, ou pas du tout, au travail considéré comme une participation locale de la communauté, alors qu'ils étaient intéressés par le projet. Une femme catholique avait considéré l'école comme faisant partie de l'église protestante, et elle ne fut pas approchée pour transporter le sable. Néanmoins, elle avait l'intention d'y envoyer son enfant lorsqu'elle serait réhabilitée, car elle serait plus proche de sa maison. En 2010, lorsque le projet a pris fin, le village a obtenu ses trois salles de classe entièrement reconstruites, du moins selon les normes de la région.

Figure 4.2: *Structure de pouvoir existante et élection CDV à Burhinyi et à Luhwindja, province du Sud-Kivu, source : Kyamusugulwa 2011*

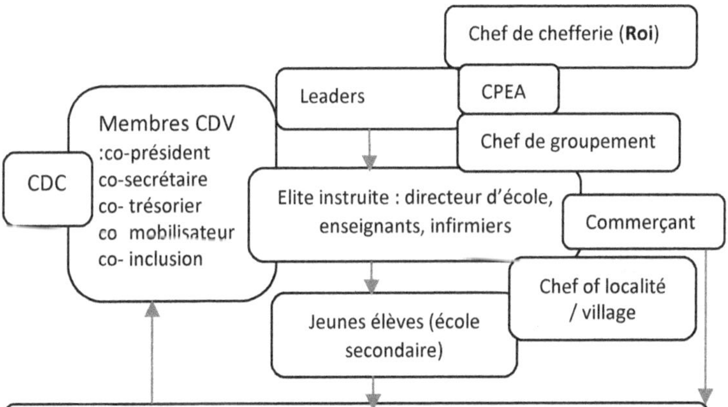

Légende : CDV : Comité de Développement du Village ; CDC : Comité de Développement Communautaire ; CPEA : Chef de Poste d'Encadrement Administratif.

Le cas de Mubone illustre l'influence de l'élite locale, en l'occurrence l'église, sur le programme de reconstruction axée sur la communauté. C'était typique pour les cas observés dans notre étude. Dans le programme CDR, les membres du comité sont censés être puissants. Toutefois, en raison du chevauchement des identités et des réseaux, ils penchent plus vers les élites que vers la population. Ils pourraient même être considérés comme membres de l'élite ou l'élite à venir parce qu'ils sont liés soit aux chefs (autorités traditionnelles) ou aux dirigeants de l'église (cf. Figure 4.2).

Dans certaines régions les chefs étaient dominants, dans d'autres les églises prédominaient, mais invariablement ces autorités prenaient de différentes façons le contrôle sur le processus. Ceci inclue le contrôle du flux d'informations sur la reconstruction, l'intrusion de leurs agendas préexistants dans la reconstruction, et l'influence de leur propre élection ou de celle des membres de leurs familles dans les comités. Cela comprend également la stimulation (ou le forçage) des présences dans les réunions publiques et la participation aux travaux communautaires, en gérant l'intervention sur le terrain, par exemple dans le cas de la construction de routes en donnant l'autorisation d'utiliser les terres au profit de la route.

En même temps, le cas de Mubone montre que le contrôle par l'élite ne correspond pas toujours à la capture. Dans le cas de Mubone, l'église a dominé le projet, mais la population a estimé qu'elle a agi dans l'intérêt de la communauté, les membres de la communauté ayant respecté et apprécié le rôle de l'église. Remarquablement, Tushiriki a été conçu pour contourner les autorités locales pour son succès – mais dans le cas de Mubone et des cas similaires – il doit son succès à l'influence de ces autorités.

4.4.4. Ciriri : la lutte entre les élites

Ciriri est un groupement situé au Sud-Est du groupement de Birhala, le centre commercial et chef-lieu de la chefferie de Burhinyi. Étant donné sa petite taille et l'homogénéité de sa population, il avait été considéré comme un village[21] au sein du programme IRC/Tushiriki. Il est accessible par un sentier sur près d'une demi-heure de marche à partir de Birhala. Les habitants originaires de la même région, les Barhinyirhinyi, vivent dans le village. Ils sont de l'ethnie *Shi* qui est dominante dans cette chefferie.

Les institutions existantes dans le village comprennent la chefferie, à laquelle les habitants de Ciriri s'identifient eux-mêmes et l'église protestante 5ème CELPA.[22] Le chef s'occupe des questions de sécurité et organise le recensement administratif ordinaire. Le chef est aussi la principale institution vers laquelle les gens se tournent en cas de différends fonciers ou relatifs au bétail (Cfr Figure 4.1). Il est aussi non négligeable de noter qu'il s'occupe des coutumes et de la sauvegarde de l'identité locale des résidents. La plupart de ses habitants sont analphabètes, et leurs actions sociales sont influencées par les coutumes et croyances religieuses. Le village dispose d'une école primaire, l'école primaire Ciriri, qui a été créée par l'église locale 5ème CELPA en 1998.

La chefferie et l'église sont particulièrement rapprochées à Ciriri. L'actuel pasteur responsable de l'église 5ème CELPA était l'ancien chef de groupement avant qu'il fût diplômé de l'école biblique de Kakwende (un cycle de 5 ans), laissant la direction du groupement à

---

[21] Le groupement Ciriri est composé de 3 Localités (Ciriri, Kabibi et Mulama), chacune d'entre elles étant dirigée par un chef de localité.

[22] Tandis que l'église 5è CELPA est dominante dans le groupement (environ 367 membres), il y a une église catholique locale (environ 30 membres).

son jeune frère. Aux yeux des habitants, en dépit du changement à la tête du groupement, le pasteur a continué à influencer les décisions prises au groupement et à l'église. Une habitante a expliqué qu'il était très puissant, car il était lié au *Mwami* et aux dirigeants de la 5ème CELPA. Elle a déclaré : « Nous croyons en ce que les chefs décident de faire. Nous suivons tout ce qu'ils décident de faire ».[23] Le pasteur était aussi influent dans le processus de Tushiriki.

Le CDV à Ciriri a choisi l'école comme son projet de reconstruction. Alors que la sélection des projets devrait se conformer aux demandes des gens ordinaires du village, la décision de reconstruire l'école était prise à l'avance et provenait du pasteur responsable de l'église 5ème CELPA qui avait initié cette construction de l'école. A ce propos, il a dit : « Mon effort, l'effort de l'Eglise et de la population locale. Ma prière fut toujours comment obtenir cinq mille dollars et reconstruire l'école ».[24] Le pasteur était en mesure de mobiliser des fonds provenant d'une autre agence, CAB/ICCO, pour reconstruire les 4 salles de classe, laissant 2 salles de classe qui seraient réhabilitées sous Tushiriki. À la fin du projet, CAB/ICCO a réhabilité 6 salles de classe, alors que deux ans plus tard, les 2 salles de classe Tushiriki ont été utilisées comme locaux de l'église 5ème CELPA car son grand bâtiment était en reconstruction.

Tandis que Tushiriki/IRC visait à améliorer la gouvernance à travers la reconstruction, CAB s'était concentré uniquement sur la reconstruction de l'infrastructure, ou ce que nous appelons le *hardware* de

---

[23] Entrevue le 16 janvier 2009 avec Giselle, résidente du village de Ciriri.

[24] Entrevue le 20 avril 2009 avec Jushua, le pasteur responsable de Ciriri, église 5e CELPA (également ancien chef du groupement Ciriri) dans le village de Ciriri.

développement. Il y avait seulement quelques rencontres et l'agence fournissait tout le matériel, embauchait des maçons et des charpentiers et payait la main-d'œuvre technique locale. La somme totale d'argent investi a été gardée secrète, mais elle était censée s'élever jusqu'à 25 000 $US. Comparativement, Tushiriki offrait seulement 3 000 $US, utilisait les ressources locales et organisait de nombreuses réunions publiques pendant les trois premiers mois, pour l'élection du CDV, pour la sélection des projets, pour l'approbation du projet et le rapportage concernant le projet en cours.

En conséquence, CAB était considéré comme une manne dans le village, et les gens sont devenus réticents à prendre part à Tushiriki, surtout parce que ceux qui travaillaient pour le projet CAB obtenaient une rémunération. L'un des habitants a expliqué : « Même si nous transportons des matériaux pour la reconstruction, nos enfants ne seront pas dispensés des frais scolaires. Je préfère donc aller dans mon champ plutôt que de passer du temps pour ce projet ». Pour permettre l'achèvement du projet, le pasteur responsable avait distribué des cahiers aux chefs afin qu'ils puissent enregistrer les noms de ceux qui avaient transporté les moellons et le sable. Les listes ont été remises au chef du groupement, mais à la déception du dirigeant de l'église lorsqu'il déclara: « Le chef de groupement a reçu la liste des personnes qui n'ont pas travaillé ; il n'y eu aucune punition. La participation forcée, selon moi, est la solution ».

Finalement, après plusieurs séances de mobilisation par le service de l'église et les appels quotidiens des conseillers du chef pour inciter à la participation à l'exécution du projet, la construction de l'école a été terminée en 2010. La mise en œuvre du projet Tushiriki a été encore criblée par les conflits inter-élites, qui étaient devenus importants dans les interventions de développement antérieures. Lorsque nous avons visité la région, la reconstruction de l'école était sous la supervision du pasteur principal et du chef de groupement. Les résidents hésitaient à parler avec le chercheur et le renvoyaient aux dirigeants, laissant entendre qu'ils ne voulaient pas qu'ils parlent du projet.

Il s'est avéré qu'il y avait eu un conflit entre l'ancien directeur de l'école primaire de Ciriri et le pasteur principal à propos des tôles de l'école lorsqu'il déclara : « J'ai été en conflit ouvert avec le pasteur principal de Ciriri parce que je n'avais pas pu lui donner son pourcentage sur les 70 tôles que j'ai reçues (d'une ONG) pour construire l'école. Ou bien parce que je ne lui ai pas donné ou je n'ai pas donné à son frère (chef de groupement) une chèvre. Il voulait que son jeune frère devienne directeur de l'école afin de me remplacer. Il voulait me tuer. "Dieu m'a protégé" [25]». Bien que les habitants aient été au courant de ces complications et que les projets soient en partie un moyen pour l'élite locale d'obtenir du financement des organismes internationaux et donc en bénéficier pour survivre, ils n'ont pas considéré cette irrégularité. Car, ils croyaient que leurs chefs étaient privilégiés comme ils représentent toute la population.

Lorsque le projet Tushiriki a effectué son premier versement en espèces au CDV, il a été déchargé par le comité (un mélange de chefs et de dirigeants d'église). Au cours de leur réunion, ils se sont distribués 100$US, 50$US, et 10$US l'un et l'autre. Dans le cas de Tushiriki, c'est devenu un gros problème. Lorsque le personnel de Tushiriki a entendu les gens en parler, il a informé le *Mwami* de l'utilisation abusive des fonds, et celui-ci avait réagi promptement. Il a emprisonné tous les membres du CDV, ainsi que le pasteur responsable et le chef du

---

[25] Interview le 20 mars 2009 avec Guillaume, instituteur de l'école primaire Busherega (ancien instituteur de l'école primaire Ciriri).

groupement. Ils sont restés au cachot pendant deux jours et ont dû rembourser les fonds. Selon les sources locales, le président masculin du CDV a même reçu quelques coups de fouet de la police. Le *Mwami*, un homme dans sa trentaine, détenteur d'un diplôme universitaire et inauguré en tant que roi en février 2008 a été attentif à la question. Lorsque nous l'avons interviewé le 31 mars 2010 sur ce qui s'est passé dans le village de Ciriri, le *Mwami* a mentionné que quand il avait entendu ces nouvelles, il est allé sur place et a décidé de punir tout celui qui était impliqué dans l'affaire. Poursuivant ses pensées, il a dit :

« Vous savez, la valeur de ma décision était d'éviter la corruption, le détournement des fonds Tushiriki dans d'autres villages. Avec cette décision, j'ai montré que le programme Tushiriki devrait fonctionner et laisser des signes ici. Ce que vous voyez sont les extrants, les effets de ma décision implicitement. C'est comme ça que je travaille. Je suis pour la population, en même temps je punis celui qui abuse ! Sinon, nous n'obtiendrions pas le succès que nous avons maintenant ».

Dans notre interview, le *Mwami* a donné des raisons différentes pour son intervention. D'une part, il voulait montrer qu'il comprenait l'objectif de l'approche (la bonne gouvernance à travers la reconstruction) et qu'il voulait contribuer à sa manière comme un nouveau type de roi instruit, titulaire d'un baccalauréat de l'Université Officielle de Bukavu. Il a également expliqué qu'il voulait sécuriser le soutien continu de l'IRC parce qu'il savait que l'IRC, après avoir soutenu les villages, débourserait des sommes plus importantes au niveau communautaire. Enfin, il a été motivé politiquement comme en novembre 2011, il est devenu candidat au parlement national, et a malheureusement été élu en deuxième position.

A Ciriri, l'élite locale a tenté de capturer le projet. L'accaparement des fonds est une pratique locale régulière et, en général, les projets ne font pas l'objet de controverse. Le projet CAB (plus grand), par exemple, a conduit à des luttes inter-élites sur la distribution du matériel, mais l'accaparement en soi n'a pas été contestée ou sanctionnée. Dans le cas de Tushiriki, la gestion de l'argent est devenue un enjeu public. Ce n'était pas dû à la redevabilité de haut-en-bas et à la vigilance des résidents, mais a trouvé une solution à travers le contrôle inter-élites. En particulier, le *Mwami*, en collaboration avec le personnel de terrain de l'IRC, est intervenu pour éviter d'autres captures des fonds du projet par l'élite.

Alors que les détenteurs de pouvoir locaux voulaient s'accaparer du projet, nous voyons dans ce cas que cela a été corrigé par "le pouvoir sur le pouvoir". Dans ce cas, le personnel de terrain a utilisé l'autorité du roi pour saper l'influence du chef de groupement. Au lieu du rendre-compte de haut-en-bas, le projet est passé à travers un « jeu de pouvoirs » qui, en effet, reflétait la façon dont les relations de pouvoir évoluaient dans la pratique de ce programme participatif de développement ou de reconstruction.

4.4.5. Les élites de développement : la domination des églises

Dans ce qui précède, nous avons démontré comment les élites ont une influence décisive dans la gouvernance du programme CDR. Nous pouvons nous appuyer sur cet argument pour établir quelles sont les autorités les plus influentes au Sud-Kivu ? Dans notre échantillon de 34 villages, nous avons déterminé qui était l'intervenant le plus influent dans le processus : l'église, le chef, ou une combinaison des deux. En comparaison avec le résultat du processus de sélection, nous avons trouvé des preuves claires que la nature des parties prenantes faisant autorité est fortement liée au type de projets choisis. Les chefs ont traditionnellement été responsables des routes et des infrastructures, et seraient naturellement favorables à la construction d'une route comme première priorité.

Dans les cinq cas où les chefs étaient dominants, le projet sélectionné consistait en des routes et des travaux d'adduction d'eau. Les églises, d'autre part, ont un intérêt direct dans les services publics, en particulier l'éducation et la santé. Lorsque les dirigeants de l'église dominent le processus, les comités de développement du village choisissent invariablement des projets liés à l'éducation. C'était le cas dans 25 villages. Dans notre échantillon, les églises viennent au premier rang comme l'autorité la plus influente dans le domaine des services publics et du développement.

L'IRC a mis en œuvre un autre grand programme CDR, couvrant quatre territoires de la province du Sud-Kivu (c'est-à-dire Kalehe, Mwenga, Uvira et Walungu). Dans chacun des villages, les résidents ont élu un projet de reconstruction. Les dossiers de l'IRC montrent qu'un pourcentage écrasant de ces projets se sont concentrés sur l'éducation (25/34 projets représentant 73,5% dans le programme Tushiriki (cfr tableau 4.1 et photo 4.2) En outre, l'éducation a été choisie par les comités (44, 9%) et les CDC (63, 7%) dans Tuungane I (programme mis en œuvre de 2008 à 2010) et par les comités (56, 3%) dans Tuungane II (programme mis en œuvre de 2011 à 2014). Cela signifie que les églises sont l'autorité la plus dominante quand il s'agit de services de développement.

Tableau 4.1: *Principaux détenteurs de pouvoir par types des projets*

Source : Kyamusugulwa, 2012

Principaux détenteurs de pouvoir	**Types des projets**	**Villages**	**%**
		N=34	
Chefs de chefferie, de groupement, de village et CPEA	route, pont, maison d'accueil de la chefferie, adduction et points d'eau	5	14,7
Leaders d'églises	salles de classe, bureau du directeur d'école, reservoir et points d'eau, route	25	73,5
Combinaison des chefs locaux et d'églises	route, bureau du chef, bureau du directeur d'école, salles de classe	4	11,8

Légende : CPEA: Chef de Poste d'Encadrement Administratif ; N : nombre de villages de l'échantillon

Photo 4.2: *salles de classe Tushiriki utilisées comme église locale protestante 5ème CELPA en 2013 (source: Kyamusugulwa 2013)*

4.5. Conclusion

Le programme CDR de Tushiriki est conçu de telle sorte que le comité du village qui est élu par la population dans son ensemble régit les projets de reconstruction avec des réunions régulières assurant la pleine transparence du projet, pour permettre le rendre-compte de haut-en-bas des membres du comité envers la population.

Dans notre analyse de la dynamique locale de la reconstruction, nous avons trouvé à la place un rôle écrasant des autorités locales et des élites dans le projet. Nos résultats suggèrent que, malgré le chaos de la guerre et l'effondrement de l'état de Mobutu, les institutions locales, en particulier la chefferie et les églises, qui sont basées sur les coutumes et la foi, se sont avérées relativement robustes. L'élite composée de la vieille génération de chefs et de chefs d'église et de la nouvelle génération de membres des communautés instruits (directeur de l'école, enseignants, élèves du secondaire) qui en émanent et sont liés à l'ancienne génération qui a dominé la CDR. Le groupe de la non-élite comprend les paysans et tous les résidents qui dépendent du premier groupe pour leur survie.

Les chefs ont une base de pouvoir dans le contrôle de la terre et du bétail, leur relation avec l'administration locale et les croyances traditionnelles qui confèrent le pouvoir spirituel aux dirigeants traditionnels. Les églises, d'autre part, dans le contexte d'un État défaillant, adoptent la fonction étatique d'initier et de gérer les services sociaux, tels que les écoles, les centres de santé et même les hôpitaux. Cela signifie que le pouvoir pastoral, enraciné dans la foi chrétienne, s'étend à travers leur rôle central dans la délivrance des services.

Les comités de développement du village étaient généralement dominés par l'élite instruite (enseignants, directeurs et anciens de l'église), tandis que les membres moins instruits jouaient un rôle secondaire. En réalité, les comités étaient donc un instrument, ou du moins étroitement apparentés, des figures d'autorité de l'église ou de la chefferie. Lors de l'élection des membres du comité, les deux institutions peuvent soit rivaliser, soit trouver un compromis. La sélection des projets dépendait fortement des figures d'autorité qui instruisaient le comité au sujet de leur projet préféré, qui était souvent un projet préconçu nécessitant un financement.

Les autorités ont également été importantes dans l'exécution des projets, notamment pour assurer la participation de la population au travail manuel. Dans de nombreux projets, les gens étaient plus tard motivés à contribuer par leur travail manuel, et la pression des autorités était importante pour amener les gens à donner leur contribution. Ostrom a montré que le problème de la libre-participation dans la production des avantages collectifs exige habituellement un système d'autorité externe, un système interne de surveillance et de sanctions, et une forte conscience de groupe (Ostrom, 1990; Kelsall, 2009). Dans ce cas, ce sont surtout les autorités qui ont fait la différence. Bien que la CDR suppose que les gens seront motivés à contribuer au bien public une fois qu'ils estiment qu'ils en ont le contrôle; en réalité, la pression des autorités a été un élément important dans la réalisation des projets. Par conséquent, et contrairement à la façon dont l'IRC voulait opérer, nous avons constaté que le succès des projets en termes de restauration des infrastructures et des services, dépendait largement des élites locales.

Ce n'est que lorsque les chefs ou les chefs d'église ont fait un effort pour le projet, qu'il a été possible de mobiliser les réunions et le labeur. Bien qu'il y ait une tendance à penser que les chefs et les leaders religieux peuvent s'approprier des projets, nous avons trouvé que ces élites sont souvent motivées pour travailler pour l'intérêt de la communauté. Cela peut ne pas être une expression d'intérêt pour le bien public en soi, mais une conviction que les projets de développement renforcent leur pouvoir. Les églises sont intéressées à avoir des projets pour leurs membres. Il y a aussi un intérêt important à construire une bonne école. Une fois qu'une école répond à certaines normes, elle est reconnue par le gouvernement central, qui paiera les salaires des enseignants. Les dirigeants de l'Église s'attendent alors à ce que 10% du salaire d'un employé du gouvernement soient versés comme une dîme à l'église. Leur soutien des projets peut être dans l'intérêt des élites. Cela a également été exprimé par le *Mwami* lorsqu'il a déclaré que l'une de ses raisons d'intervenir dans le projet était de sauvegarder la relation avec l'IRC pour sécuriser l'avenir, et de plus grands projets.

Un élément clé de la CDR est la transparence du processus. Nos résultats corroborent le fait que la transparence joue un rôle dans la CDR, mais pas de la manière envisagée. Bien que la population dans son ensemble semble accepter un certain détournement de fonds par les autorités, la correction peut survenir du pouvoir des élites plutôt que de la population. Dans le cas de Ciriri, le personnel de terrain avait établi des bons rapports avec le *Mwami* et a été en mesure de le faire intervenir dans le processus, même si cela signifiait qu'il devait sanctionner son propre chef de groupement. Cette utilisation du « pouvoir sur le pouvoir », dans ce cas, a influencé positivement le résultat du projet. Dasgupta et Beard ont montré que toutes les élites puissantes ne sont pas corrompues et qu'une distinction entre le contrôle de l'élite et la capture par l'élite devrait être faite (Dasgupta and Beard, 2007).

De même, Booth soutient que les ressources institutionnelles et les legs historiques de l'Afrique pourraient être exploités à des fins de développement, plutôt que d'être simplement considérés comme des obstacles au changement (Booth, 2009). Lund, en outre, démontre que même lorsque les élites s'accaparent du développement, cela peut changer dans le cours des programmes (Lund and Saito-Jensen, 2013). Cette idée est soutenue par Kelsall qui a montré que les gens se sentent agir honnêtement et équitablement au sein de la famille élargie en Afrique et qu'au-delà, la fondation religieuse est probablement l'institution essentielle de développement (Haar & Ellis 2006; Kelsall, 2008). Dans le cas de Ciriri, le personnel de terrain de l'IRC avait adopté cette stratégie en tant que stratégie de travail, en se fondant sur sa propre connaissance de la dynamique sociale de l'intervention du projet, même si cela ne faisait pas partie de la conception du programme.

Nos observations sur le rôle réel joué par les élites dans le programme CDR, où la sélection et l'exécution des projets de reconstruction est moins le résultat du processus démocratique par lequel les populations locales expriment librement une préférence pour le bien public et participe librement à son exécution. C'est plutôt le résultat des actions existantes des détenteurs de pouvoir où une forme d'élite est mauvaise qu'une autre. Cela nous fait reconsidérer les succès et les échecs de la reconstruction dirigée par la communauté. Il serait important pour le programme CDR de tenir compte de ces aspects et de viser une implication positive des détenteurs de pouvoir locaux.

Enfin, nous avons posé la question de savoir quelle autorité domine – dans le contexte du développement institutionnel. Nos résultats suggèrent que la dominance des projets liés à l'éducation dans la CDR à l'Est de la RDC est un gage de l'influence des églises sur les chefferies. La plupart des programmes de développement visant à améliorer la gouvernance se concentrent sur les institutions étatiques et sont encadrés dans un objectif d'édification de l'État. A l'Est de la RDC, il vaudrait la peine d'intégrer les églises dans l'équation de la gouvernance et d'investir dans la meilleure compréhension du travail et du rendre-compte des églises pour le développement.

4.6. Références bibliographiques

Adams, B. D., Sartori, J.& Waldherr, S. (2007). Military influence operations: Review of relevant scientific literature. Human Systems International, Toronto.

Barakat, S. and Zyck, S. (2009). The Evolution of post-conflict recovery. *Third World Quarterly,30* (6), 1069–1086.
Blair, H. (2000). Participation and accountability at the periphery: Democratic local governance in six countries. *World Development, 28*(1), 21–39.
Booth, D. (2009). Elites, governance and the public interest in Africa: working with the grain? Discussion paper N° 6 August. Africa power and politics programme. London: Overseas Development Institute.
CEI (Commission Electorale Indépendante). (2006). Constitution de la République Démocratique du Congo, loi portant organisations des élections présidentielles, législatives, provinciales, urbaines, municipales et locales ; décision N° 003/CEI/BUR/06 du 09 Mars 2006 portant mesures d'application de la loi N° 06/006 du 9 Mars 2006 portant organisation des élections présidentielles, législatives, provinciales, urbaines, municipales et locales. CEI, Kinshasa.
CTAD (Cellule Technique d'Appui à la Décentralisation). (2013). La décentralisation en bref : La décentralisation au service de la paix, de la démocratie, du développement et de l'unité nationale. CTAD, Kinshasa.
Daloz, J. (2003). "Big Men" in Sub-Saharan Africa: How elites accumulate positions and resources. *Comparative Sociology, 2*(1), 271–285.
Dasgupta, A. & Beard, V. (2007). Community driven development, collective action and elite capture in Indonesia. *Development and Change,38*(2), 229–249.
Douglas, M. (1966). Powers and dangers. In M. Douglas (Ed.), *From purity and danger: An analysis of the concepts of pollution and taboo*(pp.1–12). London: Routledge
Ganywamulume, M. (1997). *Conflits religieux dans la collectivité de Kaziba (1922–1996)*. Dissertation de

licence en histoire non publiée, Institut Superieur Pédagogique, Bukavu.
Gaventa, J. (2006). Finding the spaces for change: A power analysis. *IDS Bulletin,37*(6), 23–33.
Haar, G. & Ellis, S. (2006). The role of religion in development: Towards a new relationship between the European Union and Africa. *The European Journal of Development Research,18*(3), 351–367.
Hickey, S. and Kothari, U. (2009). Participation. Amsterdam: Elsevier.
IRC and CARE. (2009). Les protocoles de TUUNGANE en République Démocratique du Congo, version de janvier 2009. International Rescue Committee, Bukavu.
Kelsall, T. (2008). Going with the grain in African development? *Development Policy Review* 26, (6), 627–655.
Kelsall, T. (2009). Game-theoretic models, social mechanisms and public goods in Africa: a methodological discussion. Discussion paper N° 7. IDS, Brighton.
Kyamusugulwa, P. M. (2013a). Local ownership in community-driven reconstruction in the Democratic Republic of Congo. *Community Development, 44*(3), 364–385.
Kyamusugulwa, P. M. (2013b). Participatory development and reconstruction: a literature review. *Third World Quarterly,* 34(7), 1265–1278.
Kyamusugulwa, P.M., Hilhorst D. & Van Der G. (2014). Capacity builders for governance: community-driven reconstruction in the eastern Democratic Republic of Congo. *Development in Practice*, 24(7), 812-826. DOI:10.1080/09614524.2014.944484
Labonne, J. & Chase, R. (2007). Who's at the wheel when communities drive development? The case of the KALAHI-CIDSS in the Philippines. Washington: The World Bank Social Development.

Lund, J. F. & Saito-Jensen, M. (2013). Revisiting the issue of elite capture of participatory initiatives. *World Development 46*, 104–112.
Lyne, H. (2008). Leadership, politics and development: A literature survey. Background Paper 3. Developmental leadership program: Policy and practice for developmental; leaders, elites and coalitions, April 2008.
Mambi, H. (2010). *Pouvoir traditionnel et pouvoir d'Etat en République Démocratique du Congo: Esquisse d'une théorie d'hybridation des pouvoirs politiques*. Kinshasa: MédiasPaul.
Mitchell, R. & Reid, D. (2001). Community integration. Island Tourism in Peru. *Annals of Tourism Research, 28*(1), 113–139.
Munoz, I., Paredes, M. & Thorp, R. (2007). Group inequalities and the nature and power of collective action: Case studies from Peru. *World Development*, *35*(11), 1929–1946.
Munzihirwa, C. (2002). Pouvoir royal et idéologie : rôle du mythe, des rites et des proverbes dans la monarchie précoloniale du royaume de Kabaré (Zaïre). *Journal des africanistes,72*(1), 227–261.
Ngoma-Binda, P., Otemikongo, M. Y. & Moswa, L. M. (2010). République Démocratique du Congo, démocratie et participation à la vie politique : une évaluation des premiers pas dans la IIIème République. Johannesburg: Open Society Initiative for Southern Africa.
Ostrom, E. (1990). *Governing the commons: The evolution of institutions for collective action*. Cambridge: Cambridge University Press.
Pakulski, J. (1986). Legitimacy and mass compliance: Reflections on Max Weber and soviet-type societies. *British Journal of Political Science,16*(1), 35–56.
Paris, R. (2004). At war's end. Building peace after civil conflict. Cambridge: Cambridge University Press.

Platteau, J. (2004). Monitoring elite capture in community-driven development. *Development and Change, 35*(2): 223–246.

Platteau, J. &Gaspart, F. (2003). Disciplining local leaders in community-based development. Namur, pp. 1–52.

Richards, P., Bah, K. *et al.* (2004). The Social assessment study: Community-driven development and social capital in post-war Sierra Leone.World Bank, Washington, DC.

Scott, Z. (2011). Evaluation of the public sector governance reforms 2001–2011: Literature Review, May 1st, 2011. UK: Oxford Policy Management.

Seay, L. (2009). *Authority at twilight: Civil society, social services, and the State in the Eastern Democratic Republic of Congo*. Unpublished doctoral dissertation, University of Texas at Austin, Austin.

Sneddon, C. & Fox, C. (2007). Power, development, and institutional change: Participatory governance in the Lower Mekong Basin. *World Development, 35*(12), 2161–2181.

Sosne, E. (1979). Of biases and queens: The Shi past through and androgynous looking glass. *History in Africa, 6*, 225–252.

Tanaka, S., Singh, J. & Songco, D. (2006). A review of community-driven development and its application to the Asian Development Bank. Asian Development Bank, Manila.

Titeca, K. & De Herdt, T. (2011). Real governance beyond the 'failed state': negotiating education in the Democratic Republic of Congo. *African Affairs, 110/439*, 213–231.

Tull, D. (2003). A reconfiguration of political order? The state of the state in North-Kivu (DR Congo). *African Affairs, 102*, 429–446.

VanAcker, F. (2005). Where did all the land go? Enclosure & social struggle in Kivu (D.R.Congo). *Review of African Political Economy, 103, 79*–98.

Vansina, J. (1990). *Paths in the rainforests. Toward a history of political tradition in Equatorial Africa*. Wisconsin: The University of Wisconsin Press.
Wolin, S. (1981). Max Weber: Legitimation, method, and the politics of theory. *Political Theory, 9*(3), 401–424.
Wood, G. (2003). Staying secure, staying poor: The ''Faustian Bargain''. *World Development, 31*(3), 455–471.
Wragg, T. (2006). *Modelling the effects of information campaigns using agent-based simulation*. Edinburgh: Command and Control Division, Australian Defense Science and Technology Organisation.

5. Labeur dans la reconstruction communautaire à l'Est de la RDC

Patrick Milabyo Kyamusugulwa, Jeroen Cuvelier et Dorothea Hilhorst

5.1. Introduction

La Reconstruction dirigée par la communauté (CDR) est devenue l'une des approches croissantes de la reconstruction dans les zones touchées par les conflits. La participation de la communauté à ces programmes prend en pratique la forme d'un labeur manuel ou le bénévolat, qui peut être considéré différemment par les participants. Nous avons examiné l'effectivité de l'approche CDR, en particulier la mobilisation au travail manuel volontaire pour les travaux publics dans le programme Tushiriki. Nous avons trouvé que dans l'ensemble, la participation des gens était plus faible que prévue, que leur motivation dépendait du type de travail lié au projet choisi et qu'il y avait une réticence commune à effectuer des tâches manuelles gratuitement. Nous soutenons que les gens manquaient de motivation en raison de la notion contestée de biens publics tels que la route et l'éducation dans la région.

Après la critique de la reconstruction post-conflit dans les années 1990 pour son caractère de haut-en bas, la dernière décennie a vu une tendance croissante vers des projets dits de reconstruction dirigée par la communauté (Hilhorst et al., 2010; Kyamusugulwa, 2013b:1267). En théorie, la CDR se caractérise non seulement par l'implication des parties prenantes locales dans la mise en œuvre des projets de reconstruction après le conflit, mais aussi par la conception et la planification de ces derniers (Agrawal and Yadama, 1997:457; Cliffe, Guggenheim et al. 2003:2; Kyamusugulwa, 2013a:364). Cette implication, souvent décrite comme la participation communautaire ou la participation publique est devenue l'une des principales conditions des bailleurs de fonds bilatéraux et multilatéraux finançant des interventions de reconstruction (Buchya and Hovermanb, 2000:15). En pratique, la participation communautaire prend souvent la forme de labeur ou de « bénévolat ». Les donateurs ont tendance à considérer ce « travail bénévole » comme l'étalon principal pour mesurer la contribution et l'engagement des collectivités locales à des projets de reconstruction après les conflits (Hickey and Kothari, 2009: 82; Richards, 2006:2).

L'objectif de ce chapitre est d'examiner l'efficacité de l'approche CDR en termes de stimulation de la participation des communautés locales à la fourniture de biens publics, en se concentrant en particulier sur la mobilisation du travail manuel volontaire pour les travaux publics. Et cela au moyen d'une analyse d'un programme CDR appelé Tushiriki, qui a été mis en œuvre entre 2008 et 2010 dans diverses communautés de la province du Sud-Kivu, située dans la partie orientale de la République Démocratique du Congo (RDC). Nos résultats de recherche montrent que, globalement, le niveau de participation au projet Tushiriki était plus faible que prévu, et que la préparation et la motivation des gens à prendre part au programme dépendaient dans une très large mesure du type de travail qu'ils étaient censés faire. Le plus grand problème auquel le programme était confronté était une réticence généralisée de la part des participants au projet d'effectuer gratuitement un travail manuel. À notre avis, cette réticence est probablement due à la nature elle-même du labeur qui est associée aux coûts des outils à utiliser et au coût d'opportunité lié au temps perdu pour ces travaux.

Le chapitre est structuré comme suit. Dans la première partie, nous fournissons des informations de base sur le contexte dans lequel le programme Tushiriki a été mis en œuvre. Nous donnons un bref aperçu du conflit à l'Est de la RDC, nous expliquons les principaux éléments du programme Tushiriki, et nous décrivons la logique qui le sous-tend. Nous soutenons que les participants manquaient de motivation en raison de la nature du dur labeur, du coût d'opportunité lié à celui-ci et de la notion contestée de biens publics tels que la route, l'éducation et la santé dans la zone d'étude. Dans la deuxième partie du chapitre, nous discutons deux études de cas du programme Tushiriki, en accordant une attention particulière à la manière dont les populations locales répondaient aux appels à la participation communautaire. Enfin, dans la conclusion du chapitre, nous tentons de tirer une leçon générale pour l'avenir des projets CDR dans les zones touchées par le conflit.

5.2. Facteurs influençant la dynamique du labeur à l'Est de la RDC

5.2.1. Reconstruction dans une situation de ni-Guerre-ni-Paix

La RDC a été le théâtre de combats entre les mouvements rebelles et le Gouvernement de Kinshasa depuis la seconde moitié des années 90, lorsque le régime de Mobutu n'a plus été en mesure de faire face aux conséquences de plus de trente années de la mauvaise gestion politique et économique du pays. Dans la littérature, une distinction est généralement faite entre deux phases dans le conflit : la première et la deuxième guerre de la RDC. Pendant la première guerre, l'Alliance des Forces Démocratiques pour la Libération du Congo (AFDL), mouvement rebelle dirigé par Laurent-Désiré Kabila et soutenu par le Rwanda et l'Ouganda, a combattu et a finalement renversé le régime de Mobutu en mai 1997.

La deuxième guerre du Congo, qui a débuté en août 1998 et s'est terminée en juillet 2003, a opposé le régime de Kinshasa à ses anciens alliés, le Rwanda et l'Ouganda. En plus d'envoyer des troupes de leur propre chef, le Gouvernement Rwandais et le Gouvernement Ougandais ont joué un rôle déterminant dans la création, la formation et l'approvisionnement militaire de divers mouvements rebelles congolais qui combattaient tous contre le Gouvernement de Kinshasa. Kinshasa, pour sa part, avait reçu une assistance militaire du Zimbabwe, de l'Angola et de la Namibie, trois autres membres de la Communauté de Développement de l'Afrique Australe, alors qu'il a été également en mesure d'obtenir l'appui du Tchad, de la Libye et du Soudan (Prunier, 2009; Reyntjens, 2009; Stearns, 2011).

Bien que la deuxième guerre du Congo ait officiellement pris fin avec la signature de l'accord global et inclusif à Sun City en décembre 2002, et bien que deux élections démocratiques aient eu lieu depuis lors (en 2006 et 2011, respectivement), les combats à l'Est de la RDC ont continué sans relâche jusqu'en novembre 2013. Au moment de la rédaction de ce chapitre, le Gouvernement de Kinshasa a perdu le contrôle de certaines parties substantielles du Nord et du Sud-Kivu et a été confronté à une résistance féroce du mouvement rebelle M23 soutenu par le Rwanda, le mouvement FDLR et diverses milices locales et groupes d'autodéfense (Larmer, Laudati et al., 2013; UN, 2012; Verweijen, 2013).

Malgré la poursuite de la violence armée dans diverses régions à l'Est de la RDC, la communauté internationale a essayé de promouvoir le développement économique et la stabilité sociale en injectant des millions de dollars dans les efforts de reconstruction après les conflits (Trefon,

2010). Ce chapitre se concentre sur un tel programme appelé Tushiriki, une expression swahili signifiant « impliquons nous tous ensemble ». Le programme Tushiriki a été exécuté de 2008 à 2010 ; il a été financé par le Ministère Néerlandais des Affaires Etrangères via Stichting Vluchteling[26], et a été mis en œuvre par le Comité International de Secours - International Rescue Committee-IRC (SV and IRC, 2007).

Visant à contribuer à la réduction de la pauvreté et à la réhabilitation après les conflits, Tushiriki comprenait deux composantes : l'une traitant du développement communautaire et l'autre traitant de la société civile. En ce qui concerne le volet développement communautaire, il est important de noter que le programme a créé une structure de gouvernance - le Comité de Développement du village (CDV) - dans chaque village cible, dans lequel dix membres représentant les habitants ont été démocratiquement élus. Tushiriki a adopté une approche participative et s'assurait qu'au moins 40% de la population adulte de chaque village cible étaient impliqués dans des activités clés, telles que l'approbation du budget du projet, l'élection des membres du comité et la participation à des réunions régulières sur le projet en cours. Le projet choisi par village nécessitant une reconstruction effective était soit une école, une salle de classe, une route locale, soit un système d'adduction d'eau.

Le deuxième volet du programme consistait à renforcer les capacités des Organisations Non Gouvernementales locales (ONGs) et des Organisations à Base Communautaire (OBCs) pour la bonne gouvernance et les

---

[26] Stichting Vluchteling: la Fondation néerlandaise pour les réfugiés est un organisme néerlandais basé à la Haye qui a financé le programme, tandis que le Comité international de secours (IRC) l'a mis en œuvre. Pour plus d'informations sur Stichting Vluchteling, rendez-vous sur http://www.Vluchteling.org/Pagina/home_nl

pratiques de plaidoyer au nom des communautés locales. Au cours de l'exécution du projet, les acteurs des deux composantes demandaient aux participants de contribuer au labeur en termes de tâches non techniques de transporter les outils de construction et matériaux locaux venant de la ville sur le site de construction. En même temps, les techniciens locaux (étant également des habitants de la même zone) contribuaient avec des tâches techniques, qui consistaient en une main-d'œuvre raisonnablement rémunérée (soit un peu au-dessous de la prime normale). Les membres du CDV gérant le projet étaient en même temps impliqués dans la mobilisation, le rapportage et le travail communautaire avec d'autres membres des communautés.

5.2.2. La logique du labeur des programmes de reconstruction dirigée par la communauté

En RDC et dans d'autres milieux post-conflit, les gens se sont habitués à participer au travail journalier pour la nourriture ou l'argent. Dans ces régimes, l'aide alimentaire ou le paiement en espèces est accordé aux personnes en échange d'une contribution aux travaux publics (Clay, 1986). Ces régimes sont très populaires au sein des programmes humanitaires, avec une double justification : les travaux publics peuvent faire un début de reconstruction après le conflit et l'introduction de la contrepartie au cours de l'aide humanitaire empêcherait le développement du syndrome de dépendance. La fourniture de la nourriture ou l'argent pour les programmes de travail n'ont pas été sans problèmes : ils aboutissent souvent à des routes qui se déversent à côté ou mènent à nulle part, et c'est la question de savoir si les pauvres peuvent contribuer gratuitement leur labeur pour étendre le projet (Dagnachew, 2013). D'autre part, ce qui est important à souligner dans ce chapitre est que dans ces régimes, les gens sont rémunérés (en espèces ou en nature) pour leur contribution aux travaux publics.

La CDR suit une logique différente. Dans ces programmes, on suppose que les gens sont motivés à fournir du labeur pour la production de biens publics. La motivation est censée reposer sur deux piliers. Il est supposé que les gens profiteront des biens publics et devraient donc avoir une incitation à contribuer à leur production. Deuxièmement, il est supposé que lorsque les citoyens contrôlent les décisions menant au projet, cela les enthousiasme à participer à sa réalisation. Ces deux suppositions soulèvent des questions.

La supposition que les gens devraient être motivés parce qu'ils peuvent tirer profit des biens publics peut soulever plus d'une question. En RDC, où les institutions étatiques ont été considérées comme prédatrices depuis des décennies, la notion de biens publics peut ne pas être très développée : la fonction publique, par exemple, est plus susceptible d'être considérée comme une entreprise privée qu'un service au public. Les travaux publics qui font l'objet d'une reconstruction communautaire concernent largement l'école et les routes. Les routes, on dirait, ont peu d'utilité pour les pauvres qui ne peuvent pas se permettre de payer des frais pour le transport, et les écoles en RDC peuvent être considérées comme privées plus que publiques, puisque les frais scolaires couvrent toutes les dépenses encourues.

La deuxième supposition selon laquelle les gens sont susceptibles d'être motivés pour les projets qu'ils contrôlent est également discutable. Dès 1969, Arnstein a introduit une échelle de participation qui dénotait que l'étiquette de la participation communautaire peut cacher des réalités très différentes, allant de la manipulation au contrôle des citoyens (Arnstein, 1969). Ceux-ci peuvent résulter de différentes conceptions de projet, où la participation est construite de manière instrumentale ou avec des objectifs pour transformer des relations de communauté. En même temps, on craint que la participation des communautés soit différentielle et qu'il y ait un risque que les pauvres paient le prix, tandis que les élites profitent des avantages. Ce que les programmes appellent la participation peut – du point de vue des populations locales – parfois être qualifié de « travail forcé » de manière plus appropriée. Mansuri se réfère à un tel cas en Indonésie, où, sous le couvert de la participation, tout le monde était censé fournir un travail bénévole, ou faire face à des sanctions sociales, politiques, matérielles et même physiques (Mansuri, 2004). White souligne que, malgré la rhétorique, ce sont généralement les femmes et les hommes pauvres qui fournissent le travail dans les projets communautaires parce que d'autres peuvent faire appel à leur statut ou brandir leurs fonctions (White, 1996).

5.2.3. Histoire du travail forcé à l'Est de la RDC

Depuis la seconde moitié du XIXème siècle, l'Est de la RDC a été témoin de plusieurs vagues de recrutement forcé. Entre 1865 et 1892, le commerçant de Zanzibar Tippo Tip introduit un système d'esclavage. Un grand nombre d'hommes ont été capturés dans l'intérieur du Congo dans le but de les forcer à travailler en tant que porteurs d'Ivoire pour les caravanes commerciales de Zanzibar, ou à travailler comme serviteurs ou soldats pour les forces armées du Zanzibar. Plus tard, à la suite de la conquête militaire de la région par les Belges en 1892-94, le Kivu est sous le contrôle du roi Léopold II de l'État Indépendant du Congo (EIC). Bien que le roi Belge se soit enorgueilli de prendre la tête de la lutte contre la traite des esclaves de Zanzibar, l'EIC a utilisé le système de travail esclavagiste créé par Tippo Tip comme base de son propre système de labeur. La loi du 6 octobre 1891 stipulait que, chaque fois qu'un chef africain était certifié et investi par les autorités coloniales, une liste de soi-disant *prestations*[27] devait être rédigée ; ce qui donnait un aperçu de tous les biens et services que le chef local nouvellement installé devait livrer à l'EIC. Les services consistaient principalement en la désignation des ouvriers et des services de labeur.[28]

Après la prise de contrôle belge du Congo en 1908, il y a eu une légère amélioration des conditions de labeur pour la population africaine. Pourtant, dans l'ensemble, l'administration coloniale a préféré continuer, de manière durable, à maintenir son labeur forcé sous le joug de la fiscalité et la contrainte plutôt que par la fourniture des rémunérations attractives aux travailleurs africains (Northrup 1988).[29] La corvée de la main-d'œuvre est restée

[27] Le système des prestations était destiné, d'une part, à fournir aux fonctionnaires de l'État des aliments gratuits, des abris et des transports, et d'autre part, à organiser la collecte du caoutchouc sauvage et de l'Ivoire pour le bénéfice personnel du roi Léopold II (Northrup, 1988:46).

[28] Confronté à une protestation grandissante en Europe et des troubles croissants au Congo en réponse au système des prestations, l'État libre essaya de faire taire ses critiques en annonçant une série de réformes qui donnaient l'impression de créer un climat de travail moins coercitif. Cependant, en réalité, les gens de l'est de la RDC n'ont vu aucune différence dans leur vie de tous les jours : ils ont continué d'être soumis à d'énormes pressions pour répondre aux demandes des autorités en matière de caoutchouc, de Portage, de nourriture, de matériaux de construction et de corvées de travail pour le maintien des routes et routes télégraphiques, entre autres choses.

[29] Pendant la première guerre mondiale, la population de l'est de la RDC a été contrainte de contribuer à l'effort de guerre de la Belgique. Lorsque, en 1916, des plans ont été élaborés pour une invasion de l'Afrique de l'est allemande, la population du Kivu a été confrontée à un recrutement forcé pour la force publique et à des exigences pour les porteurs transportant des munitions, des fournitures et de la nourriture pour les forces armées. Bien qu'il doive être admis que, dans les années 1920 et 1930, les autorités coloniales ont introduit une série de

l'une des principales caractéristiques du colonialisme Belge. Les Congolais pouvaient être obligés de travailler jusqu'à 60 jours par an, avec une distinction entre deux types de travail forcé : d'une part, le travail manuel sur des projets spéciaux tels que l'entretien des routes, des ponts et des traversiers, et, d'autre part, la culture forcée des cultures vivrières et des cultures d'exportation comme le coton (Callaghy, 1984:299).

En janvier 1973, la population était confrontée à une nouvelle forme de travail forcé appelé *Salongo*. Après une visite en Chine, où il a été témoin de la façon dont Mao Zedong a forcé la population à faire divers types de travaux pour promouvoir le développement national, Mobutu a décidé d'appliquer le même système au Zaïre. Il a donné l'ordre de montrer le film de propagande chinoise 'esprit du Yukong' à la télévision nationale et a pris des dispositions pour la création de la série télévisée zaïroise « esprit du *Salongo* », qui visait à illustrer les vertus du *Salongo* (Pype, 2008:59-60). En théorie, le *Salongo* était censé être une méthode volontaire d'éducation civique : on s'attendait à ce que les gens participent à des projets d'intérêt public par leur propre volonté, le nettoyage des rues et la réparation des ponts ou des routes sans être payé pour cela. Pourtant, en pratique, très peu de zaïrois étaient disposés à prendre part au *Salongo* sur une base volontaire et, très souvent, l'administration de Mobutu ne voyait pas d'autre choix que d'appeler la gendarmerie et l'armée pour assurer la participation active (Kabwit, 1979:390; Schatzberg, 1980:80). Une bonne illustration de la nature

---

restrictions à l'emploi de la main-d'œuvre africaine (y compris, entre autres, un refus d'autoriser le travail forcé aux fins de la construction ferroviaire), les membres de la basse hiérarchie de l'administration coloniale étaient encore sous pression énorme pour fournir main-d'œuvre africaine à bas salaires aux colons, aux missions, aux compagnies privées et aux agences gouvernementales.

forcée de *Salongo* est un décret émis par le Commissaire régional du Kivu en juin 1975, qui indiquait que « tous les citoyens zaïrois vivant dans la région du Kivu étaient obligés de répondre au travail civique du *Salongo* » (Callaghy, 1984:300). Le décret précisait que quiconque refusait de suivre les règles du système *Salongo* serait passible de sanctions de 8 à 30 jours d'emprisonnement et/ou du paiement d'une amende de 5 zaïres (ibidem).[30]

Étonnamment, dans certaines régions de l'Est de la RDC, la pratique du *Salongo* a continué d'exister après la fin du régime de Mobutu, quoique sous des formes légèrement différentes. Un premier exemple concerne le secteur minier. En juillet 2009, l'ONG britannique Global Witness a signalé que des réseaux au sein de l'armée congolaise avaient instauré un système de *Salongo* ou de travail forcé dans certaines des mines artisanales sous son contrôle :

« (...) dans certaines mines, un système a été mis en place dans lequel des jours particuliers de la semaine sont alloués pour travailler pour les soldats. Cela est parfois appelé *Salongo* (...). Un militant du Sud-Kivu a déclaré : « à Shabunda, Mwenga et Kamituga, des jours spécifiques sont désignés ». Par exemple, chaque samedi, les gens vont travailler dans la parcelle d'un commandant particulier. C'est comme un *Salongo*. (...) "Les travailleurs ne sont pas rémunérés." D'autres jours sont consacrés à travailler pour les autorités locales ou les chefs traditionnels, comme certains de ces fonctionnaires civils prélèvent sur la production minière (Global Witness, 2009:26-27) ».[31]

---

[30] De la même façon que les autorités coloniales avaient fait une distinction entre deux types de corvée, le régime de Mobutu distinguait deux types fondamentaux de *Salongo*: le *Salongo* agricole ou les cultures obligatoires, et le *Salongo* général ou le travail manuel sur projets d'intérêt public (supposé). Au milieu des années 1970, le *Salongo* a généralement eu lieu le samedi après-midi. Tout le monde – à la seule exception des médecins, des gendarmes et des étrangers – était censé s'acquitter des activités dictées par l'administration locale (voir Callaghy, 1984:299-303).

[31] Des observations similaires ont également été faites par le groupe d'experts des Nations Unies sur la RDC. Dans un rapport publié en

Un autre contexte dans lequel la pratique de *Salongo* a continué d'exister est celui de l'entretien des routes. En septembre 2013, le quotidien congolais *La Référence Plus* a produit une histoire remarquable au sujet d'un accord entre un commandant *Maï Maï* et les autorités locales des environs de Lowa, une localité du territoire d'Ubundu en province orientale. Apparemment, le commandant rebelle avait réussi à mobiliser la population pour « une vaste campagne de travail communautaire », qui consistait à réparer et à nettoyer les routes. Selon le journal, les autorités de l'État étaient très enthousiastes à l'idée selon laquelle le commandant rebelle les avait aidé à assurer la participation active de la population aux travaux publics.[32]

Si l'on tient compte du fait que les milices *Maï Maï* du commandant avaient déjà terrorisé la région pendant plusieurs mois, cependant, il n'est pas vraiment surprenant que les gens pensaient qu'il était nécessaire de participer à la campagne *Salongo* du commandant rebelle. Les cas comme ceux-ci ne sont pas exceptionnels. Selon Oxfam, l'instabilité persistante à l'Est de la RDC a conduit à une situation dans laquelle les citoyens ordinaires sont extrêmement vulnérables à divers types d'abus de la part des soldats gouvernementaux, des rebelles armés, de la police et des autorités civiles. Les éléments de preuve recueillis par l'ONG montrent qu'il y a eu plusieurs cas de personnes forcées à accomplir certains types de travaux,

---

octobre 2010, le Comité a déclaré que, dans la mine d'étain d'Obaye, « *le colonel Abati Albert et son adjoint le colonel Dido Jacques déploient une unité à la base d'Obaye (....) pour faire appliquer une taxe de 5 kg par puits minier par jour et pour faire respecter la journée de travail collectif, ou ' Salongo', pour les militaires au cour duquel ils peuvent rassembler plus de 100 kg par fosse » (Oxfam, 2012:8; Pottier, 2003:10; UN, 2002: 75; UN, 2011: 453).*

32 '*Fi des rumeurs d'un contrôle du poste de Lowa en Province Orientale par un nouveau chef Maï Maï du nom de Thom's*', (La Référence Plus, 21.09.2013).

comme le transport d'aliments, de matériel militaire et de biens (Oxfam 2012:8).

Eu égard à ce qui précède, il est clair qu'il y a de fortes continuités dans la façon dont le labeur a été mobilisé à l'Est de la RDC au cours des 150 dernières années. Depuis l'arrivée de Tippo Tip dans la région, le Kivu a été témoin de plusieurs campagnes de recrutement de labeur coercitif, et la population a été constamment confrontée à diverses formes de travail forcé. L'une des caractéristiques les plus frappantes de l'histoire du labeur en RDC est que différentes générations de dirigeants ont tous développé l'habitude d'utiliser la force pour résoudre les problèmes de pénurie de main-d'œuvre. Ils ont pris l'habitude de contraindre les gens à participer à des projets supposés d'intérêt public, qui impliquaient habituellement une quantité considérable de travail manuel dur.

Compte tenu de l'histoire du travail forcé, cela peut être facilement associé aux pratiques de *Salongo*, tant par les gestionnaires de projets que par les manœuvres. Un exemple frappant de cela a été trouvé dans le projet du village de Ciriri (Kyamusugulwa & Hilhorst 2015), où le pasteur principal désespérait de la faible présence des gens au travail pour la construction d'une école. Un des habitants a expliqué : « Même si nous transportons le matériel pour la construction, il n'y aura pas d'exemption de frais scolaires pour nos enfants. Je préfère alors aller à mon champ au lieu de perdre mon temps pour le projet ». Pour permettre l'achèvement du projet, le pasteur principal a distribué des cahiers aux chefs afin qu'ils puissent enregistrer les noms de ceux qui avaient transporté les moellons et le sable. Les listes ont été remises au chef du groupement, mais à la déception du dirigeant de l'église, lorsqu'il s'exprima en ces termes : « Le chef de groupement a reçu la liste des personnes qui n'ont pas travaillé ; il n'y a pas eu de punition. La participation forcée, selon moi, est la solution ».[33]

5.3. Les études de cas

5.3.1. La réhabilitation de la route et de l'école dans la communauté de Birhala

Le chef-lieu de la chefferie de Burhinyi, Birhala abrite la résidence du chef de chefferie (*Mwami*), le siège de l'administration publique (que dirige le *Mwami*) et le bureau du Chef de Poste d'Encadrement Administratif (CPEA) du territoire de Mwenga, basé à Burhinyi. En outre, il dispose d'une force de police locale et d'un tribunal. Il est important de noter que la chefferie de Burhinyi existait déjà à l'époque pré-coloniale, bien avant la conquête de l'Est de la RDC par les troupes coloniales belges entre 1892 et 1894. Pour les populations de Burhinyi (les Barhinyirhinyi), le chef de chefferie est un important symbole de leur unité et de leur identité.[34]

A Birhala I, un des quatre villages de Birhala, les populations locales ont participé à la reconstruction d'une route. Même si, initialement, il avait été prévu de construire une maison d'accueil pour le Royaume ; en fin de compte, il a été décidé d'accorder la priorité à la réhabilitation des routes. La principale raison de ce changement de plan, c'est que beaucoup de gens de Birhala ont été impressionnés par les résultats positifs d'un projet de réhabilitation d'une route similaire dans la communauté voisine de Budaha. Il y avait beaucoup

---

[33] Interview le 20 avril 2009 avec Jusua, le pasteur principal de Ciriri, église 5e CELPA (également ancien chef du groupement Ciriri) dans le village de Ciriri.

[34] Birhala comprend quatre sous-communautés qui sont également des villages administratifs : Birhala I, situé au cœur de la chefferie de Burhinyi; héberge une population de 1500 habitants; Ciriri, situé au sud-ouest de Birhala, plus rural par nature, 1089 habitants; Bwishasha, situé au nord de Birhala, le long de la route principale, 2156 habitants; Muli, situé à l'ouest de Birhala, 1712 habitants.

d'enthousiasmes sur le fait qu'une route réhabilitée rendrait probablement beaucoup plus facile de transporter des produits locaux vers Bukavu, le chef-lieu de la province du Sud-Kivu.[35] En avril 2009, au début du projet, il y avait quinze travailleurs hommes, répartis sur deux sites. À l'aide d'outils rudimentaires tels que fourches, pioches, brouettes, piques et bêches, ils travaillaient du lundi au samedi de 8h à 15h.

Malheureusement, plusieurs facteurs avaient ralenti l'exécution du projet : le travail était difficile et exigeait beaucoup d'efforts physiques, le nombre de travailleurs était limité et il s'était avéré difficile de négocier avec les propriétaires des terres et des arbres qui se trouvaient sur le tracé de la route en construction. Initialement prévu pour un mois, le projet de réhabilitation routière a pris près de quatre mois au total ; autrement dit, jusque fin août 2009. Pour accélérer le processus, il avait été décidé de multiplier les équipes de travailleurs et de commencer à les payer. Les promesses étaient faites pour continuer le paiement jusqu'à l'achèvement de la route. Lorsque l'argent du projet s'était épuisé, le chef de chefferie a tenté de convaincre les travailleurs de poursuivre la tâche comme bénévoles. Néanmoins, en raison d'un défaut de paiement, les travailleurs n'ont pas terminé la route comme prévu. Une bande finale de 500 mètres, qui devait rejoindre le bâtiment de l'église protestante, a été laissée inachevée.

Cet exemple de la réfection d'une route de Birhala I souligne le rôle essentiel continu des chefs coutumiers dans la mobilisation et la motivation des ouvriers des travaux publics. À l'instar de ses prédécesseurs pendant la

[35] 2 segments de la route ont été ciblés : l'un des trois kilomètres de longueur, situé au sud-est de Birhala I, et un autre de deux kilomètres de longueur, situé à l'ouest de Birhala I.

période coloniale et à l'époque de Mobutu, le chef de chefferie de Burhinyi fit de son mieux pour convaincre ses sujets pour travailler bénévolement sur la route, faisant valoir qu'il serait dans l'intérêt de la communauté. Il avait bientôt découvert, cependant, que, de même pour ce qui était arrivé dans le passé, les gens étaient très réticents à accomplir un travail manuel difficile sur des projets d'intérêt public sans recevoir aucune compensation financière. Apparemment, le travail dans de telles conditions avait une connotation de coercition pour ce labeur ; du moins, selon l'opinion de la population locale.

Le bénévolat était utilisé non seulement pour la réhabilitation d'une route, mais aussi pour la (re) construction des classes dans les écoles primaires de Bwishasha et de Muli, deux autres villages de la communauté de Birhala. A Bwishasha, la reconstruction de l'école primaire avait eu lieu entre avril et août 2009. Le projet de reconstruction avait nécessité deux types de travaux : le travail technique, qui devait être effectué par des techniciens qualifiés et qui serait un travail rémunéré financièrement. Aussi, le travail manuel pour lequel aucune compensation financière ne serait offerte et qui pourrait être effectuée par des ouvriers non qualifiés sans compétence ni formation spécifique. Le groupe de techniciens qualifiés se composait de deux maçons et deux aides, qui devaient construire deux nouvelles salles de classe.

Bien que ce groupe n'appréciât pas qu'ils étaient parfois confrontés à une pénurie de matériaux locaux tels que le sable, et qu'il s'est avéré exister de grands écarts entre les estimations du projet et les coûts réels ; dans l'ensemble, ils étaient très motivés pour participer au projet.[36] Malheureusement, ce n'était pas le cas pour le

[36] Ce dernier problème résultait du fait que les techniciens n'avaient pas participé à l'approbation du projet. En outre, ils ont fait face à la

groupe de travailleurs manuels. Ayant été mobilisés pour le projet à travers le réseau de l'église protestante de 8ème CEPAC, ils n'étaient pas satisfaits avec le manque de transparence et de rendre-compte de la part du dirigeant local de l'intervention de Tushiriki, un pasteur qui a également travaillé comme directeur à l'école en construction. En outre, ils se sont plaints du fait que les parents effectuant le travail manuel pour le projet ne recevaient pas de garantie quant à la réduction future des frais de scolarité de leurs enfants. Enfin, il y avait beaucoup de déception au sujet de l'absence totale de toute forme de compensation financière pour le travail manuel effectué dans le cadre du projet. Un des maçons, habitant de Bwishasha, a dit :

« Nous pouvions voter pour la distribution de semences comme un projet local en agriculture. La sélection des projets a été faite par eux [Personnel Tushiriki], plutôt que par les communautés locales ; Nous ne comprenions pas pourquoi c'était ainsi. Vous pouvez vraiment voire comment votre famille montre de l'intérêt ; donc, vous payez les frais de scolarité pour les enfants. Nous sommes d'accord que le bâtiment de l'école est d'intérêt communautaire. Une des difficultés auxquelles nous sommes confrontés est le manque de moellons et de sable. Ce que vous voyez là a été réalisé par quelques membres de la famille et les enfants qui étudient là-bas, parce que même après le transport des moellons, ils devront payer le même montant de frais de scolarité et de construction que ceux qui n'ont rien fait. Il s'agit d'une sorte d'injustice sociale ! ».

De même, un autre habitant qui était un exploitant artisanal minier de l'or et un agriculteur a déclaré : « Nous sommes informés du projet Tushiriki. Le problème est que nous ne sommes pas beaucoup impliqués dans ces contributions

---

pénurie de sable afin de construire des murs, qui ont affecté en quelque sorte la durée de leur travail. Enfin, la quantité de bois était parfois insuffisante en raison du changement de prix dans le marché local.

locales, parce que souvent, nous contribuons seulement à des choses comme le *Salongo* [travail forcé] où nous ne bénéficions pas de quoi que ce soit ».

Le cas de la construction de l'école primaire de Bwishasha montre une fois de plus que les communautés dans lesquelles le programme Tushiriki était mis en place n'étaient pas contentes de s'engager dans le travail manuel bénévole. Ils ne comprenaient pas pourquoi Tushiriki refusait de les payer pour leur travail, et pourquoi le programme n'avait pas encore envisagé de leur donner un autre genre de récompense. Cela dit, l'exemple de Bwishasha indique également une différence d'attitude entre les deux groupes de participants au programme Tushiriki : alors que les travailleurs non qualifiés étaient très insatisfaits de leurs conditions de travail, les travailleurs qualifiés ne semblaient pas avoir de plainte à ce sujet. Cela semble indiquer qu'il s'agit surtout d'un travail manuel non rémunéré qui comporte la connotation de travail forcé.

Les expériences de Muli, cependant, étaient tout à fait différentes, et la construction de l'école fut un succès malgré l'utilisation d'une main-d'œuvre bénévole. A Muli, la construction de l'école primaire a duré d'avril jusqu'en juillet 2009. La plupart de personnes prenant part aux travaux de construction appartenaient à l'église protestante de la 5ème CELPA. On leur demandait de transporter le sable et les moellons de la rivière à l'école deux ou trois fois par semaine, avant de quitter le village pour aller aux champs (c'est-à-dire de 6h à 7h).

Plusieurs facteurs sont responsables de la transformation de Muli en une réussite. Tout d'abord, l'intervention de Tushiriki avait pu s'appuyer sur un effort antérieur de l'église locale d'établir une école. Par conséquent, aux yeux de la population locale, l'intervention de Tushiriki était une excellente occasion de finir un travail qui avait déjà commencé bien avant.

Deuxièmement, les femmes étaient très favorables à la construction d'une école plus près de leurs maisons, parce qu'elles étaient préoccupées par les risques que leurs enfants couraient lorsqu'ils devaient se rendre à des écoles éloignées pendant la saison des pluies.

En troisième lieu, il y avait une forte implication positive des dirigeants de l'église locale et les autorités traditionnelles dans l'intervention de Tushiriki. Le pasteur principal de l'église et le chef du village de Muli avaient joué un rôle important en sensibilisant les communautés locales sur la valeur du projet, alors qu'ils supervisaient également les travaux de construction. En sa double qualité de chef du village et membre de l'église, en prenant les devants dans l'exécution de l'intervention de Tushiriki, le chef du village avait jugé très important de donner le bon exemple. Exprimant son idée sur le projet, le chef de la localité de Muli a dit : « Je suis content du projet Tushiriki parce que cette école est l'une des écoles de ma localité, même si elle a été initiée et est gérée par l'église 5ème CELPA. Je suis également membre de la 5ème CELPA ».[37]

Au lieu de se limiter à la délivrance et à la signature des lettres d'autorisation, il a voulu contribuer au projet de la même manière que les autres participants. Ainsi, grâce à l'engagement pris par le chef du village et les dirigeants de l'église locale, la population de Muli était très motivée pour participer au projet. En juillet 2009, la construction du bâtiment de 3 classes avait atteint le degré d'achèvement. Le cas de Muli montre que l'histoire passée avec le *salongo* ne devait pas être déterminant pour le développement actuel. Parce que le chef du village a pris part au travail, il n'y avait aucun sentiment d'injustice et les gens étaient en effet plus motivés à contribuer au bien

---

[37] Interview du 1er Juillet 2009 avec *Gustave, un vieux de* 69 ans, chef de la localité Cishukwe-Muli.

public, parce que le projet avait déjà commencé plus tôt et grâce aux efforts de la motivation par la direction du village.

5.3.2. La réhabilitation des écoles dans la communauté de Luduha

Luduha est un groupement de la chefferie du Luhwindja.[38] C'est une zone montagneuse, impossible d'accès en voiture et qui ne peut être atteint qu'à pied. Pendant que dans les villages de Tchonga I, Tchonga II et Byazi, les populations avaient construit des salles de classe dans le village de Mujindi, la population construisait le bureau du directeur de l'école. Dans ce qui suit, nous décrivons les sous-communautés de Byazi et Mujindi.

La réhabilitation de l'école primaire de Byazi, créée en 1957 à la fin de la période coloniale, nécessitait deux types de travaux. Le travail technique était réalisé par un groupe de charpentiers, qui avaient pris soin de remplacer un certain nombre de tôles (qui composaient le toit du bâtiment de l'école). Tandis que le travail manuel, qui était réalisé par d'autres membres de la communauté locale, consistait à transporter les tôles du centre de Luhwindja jusqu'au site de construction. Lors de notre visite à Byazi, nous avons pu établir que la communauté locale était très enthousiasmée par le projet et restait prête à continuer à y contribuer dans l'avenir. *Parfait*, un homme de 40 ans, qui représentait l'église catholique locale a dit : « Regardez, nous sommes un milieu catholique. Je suis le chef de cette église locale. Je dois vous dire que les gens de Luduha sont très enthousiastes

---

[38] En tant que communauté Tushiriki, Luduha est composé de quatre villages: Tchonga I (1000 habitants), Tchonga II (1394 habitants), Mujindi (1001 habitants) et Byazi (1185 habitants). Dans le cadre du projet Tushiriki, la population de Luduha a décidé de réhabiliter un certain nombre de bâtiments scolaires dans la région.

de leur contribution locale. S'il y a un donateur, les gens ici aiment le développement ». Comme dans le cas ci-dessus de Muli, la longue présence de l'école dans la région et le dévouement des dirigeants ont conduit à motiver les gens à contribuer à « leur » école, là où le sens communautaire et du bien public a été favorisé.

Mujindi est un cas contrasté. L'intervention de Tushiriki dans ce milieu avait porté sur la construction du bureau du directeur de l'école. C'était en raison du niveau limité de financement : avec seulement 3000 $ US disponibles pour les travaux de reconstruction, il était impossible de réhabiliter l'école, même si toutes les six salles de classe étaient dans un besoin urgent de réhabilitation. Tout comme dans le cas discuté précédemment, le projet Mujindi a été divisé en deux types de travaux : le travail technique, réalisé par deux maçons recrutés localement et le travail manuel, réalisé par le reste de la communauté. Les problèmes de Mujindi étaient également semblables à ceux observés ailleurs : il y avait un manque de matériaux de construction locaux tels que le sable et l'eau et il s'est avéré être très difficile de transporter le ciment et les tôles depuis le centre de Luhwindja jusqu'au chantier.

Une des questions qui méritent une attention particulière est l'existence d'idées et d'attentes différentes en ce qui concerne les rôles des différents groupes de participants au projet. Les membres des comités de développement villageois qui ont géré le projet étaient déçus par l'absence de rémunération. Beaucoup d'entre eux espéraient recevoir une forme de rémunération pour les réunions qu'ils fréquentaient et le travail de surveillance qu'ils faisaient. Dans les formations organisées par le personnel de Tushiriki, ils se plaignaient souvent à ce sujet. *Germain*, qui travaillait comme enseignant à l'école primaire de Kamagaga et occupait le poste de trésorier dans le CDV local, a exprimé son indignation sur la façon dont les choses étaient organisées lors d'une réunion du 29 août 2009 :

« J'ai appris que les agents de Tushiriki étaient payés, mais nous, les membres du CDV, ne le sommes pas. Pourquoi ça ? Vous savez, c'est le côté négatif de Tushiriki. Comment pouvons-nous aussi être payés ? Je n'ai jamais vu quelqu'un qui travaille gratuitement comme bénévole. Nous avons pensé que nous étions recrutés comme travailleurs dans le mouvement Tushiriki. Maintenant, nous sommes vraiment déçus à ce sujet ».

Les membres du personnel de Tushiriki tentaient de justifier leur approche en mettant l'accent sur le caractère volontaire du travail effectué par les membres du CDV. Ils firent de leur mieux pour convaincre les membres du Comité du fait qu'il était tout à fait normal et naturel de faire un travail non rémunéré au profit de la Communauté, même si ce travail se composait des tâches administratives telles que la supervision et le suivi des autres travailleurs. Plusieurs comparaisons et métaphores ont servi à rendre ce principe plus compréhensible et acceptable. Les membres du CDV étaient, par exemple, invités à se comparer aux pasteurs, « *qui aussi travaillent gratuitement car ils savent qu'ils auront une récompense au ciel* », ou pour les propriétaires d'une maison et d'un lopin de terre, « *qui doivent être heureux que quelqu'un les aide à construire une clôture autour de leur proprieté* ». Cependant, le discours de l'équipe de Tushiriki a échoué à convaincre les membres du CDV. *Françoise*, une enseignante de 28 ans qui avait été élue pour servir comme Secrétaire du CDV de Byazi et co-Présidente du CDC Luduha, a expliqué son point de vue comme suit :

« Ce n'est pas comme ça. Nous avons été élus. Nous avons reçu de l'argent de votre part. Ceux qui ne sont pas élus font leur travail au champ, plutôt que de tenir des réunions / attendre l'argent à la banque locale, superviser des travaux. Nous représentons votre organisation auprès de la population. Ici, nous sommes considérés comme des agents de Tushiriki, plutôt que des bénévoles qui travaillent gratuitement. Bien sûr que nous le faisons, dans l'intérêt de la communauté. Regardez, nous avons des enfants, des familles. Nous devons survivre, mais comment ? ».

Selon *Françoise*, les membres du CDV se sont distingués des autres participants dans le projet par leur statut d'élus de la communauté et l'ensemble des responsabilités qui leur étaient confiées. Sur la base de cette distinction, il serait juste, selon elle, que les membres du CDV pouvaient recevoir une forme quelconque de compensation financière pour leur travail.

Les membres du CDV n'étaient pas les seuls à être frustrés de la façon dont les choses se passaient. Les gens qui effectuaient le travail manuel, en particulier dans le village de Mujindi, étaient également mécontents de la manière dont le personnel Tushiriki récompensait différemment les groupes de participants au projet. Ayant remarqué cela, chaque fois que les membres du CDV assistaient à une séance de formation, ils recevaient une indemnité quotidienne de 4 $ US. Bien que les membres du CDV ne perçurent pas ce paiement comme une rémunération, les habitants supposaient que cette prime était conçue comme une forme de paiement. Les ouvriers ne comprenaient pas pourquoi ils n'avaient jamais reçu un tel type de compensation financière, surtout que le travail qu'ils faisaient était physiquement beaucoup plus difficile que celui effectué par le CDV.

Il s'ajoutait à la frustration le fait qu'ils étaient bien au courant de la somme d'argent qui avait été attribuée aux différents villages dans le cadre du projet : la gestion de Tushiriki n'avait pas fait mystère le fait que chaque village avait reçu 3 000 $ US. Les ouvriers avaient du mal à croire qu'un groupe de personnes qui gérait une telle somme d'argent ne recevait pas de salaire. Enfin, il y avait beaucoup de mécontentement sur la composition du CDV.

Certaines critiques déclaraient que les gens qui dirigeaient le CDV avaient été précédemment membres du comité d'une organisation à base communautaire (OBC), qui travaillait déjà dans la localité avant l'intervention de Tushiriki. Ils avaient l'impression que ces membres du CDV avaient profité de la réputation de leur ancien employeur pour être élus et obtenir un nouvel emploi (et source de revenus).

L'exemple de Mujindi offre une preuve supplémentaire qu'il y avait un degré considérable de frustration parmi plusieurs groupes de participants au programme Tushiriki. Les membres du CDV n'étaient pas très motivés comme ils espéraient gagner un salaire au projet et n'étaient donc pas en mesure de susciter l'enthousiasme sur le projet parmi la population. La méfiance à propos des membres du CDV parmi la population, couplée avec l'hypothèse que les membres du CDV étaient effectivement payés pour leur travail avait suscité un sentiment d'injustice, ce qui avait créé leur démotivation à fournir de la main-d'œuvre gratuite pour la reconstruction du bureau du directeur d'école.

5.4. Conclusion

Ce chapitre a abordé le problème relatif à l'une des hypothèses clés de l'approche CDR, à savoir que les habitants peuvent être raisonnablement supposés d'être motivés pour contribuer à la fourniture des biens publics en offrant bénévolement leur labeur, parce que, tout d'abord, ils seront en mesure de profiter des avantages de ceux-ci à l'avenir. Deuxièmement, ils ont été directement impliqués dans le processus décisionnel et devraient être donc capables de travailler sur leurs propres priorités. Notre recherche sur le programme Tushiriki a montré que la préparation et la motivation des gens à participer à la provision de biens publics ne devrait pas être tenues pour acquises.

Les études de cas présentées dans ce chapitre indiquent qu'à l'Est de la RDC, il existe un manque de confiance généralisé vis-à-vis des projets d'intérêt public qui reposent sur le travail communautaire en grande partie manuel et non rémunéré (Cfr. Tableau 5.1). Ces études de cas démontrent que cette situation peut être attribuée, en partie, à la longue histoire de travail forcé communautaire dans la région. En raison de cette histoire et de la tradition, certains chefs de village forcent les résidents à la participation, tandis que la population est susceptible d'associer le travail bénévole aux injustices du passé.

Tableau 5.1 : *types de labeur au programme Tushiriki*

Types	**Manuel= non qualifié**	**Technique= qualifié**	**Managérial= organisationnel**
Acteurs	Population	Techniciens	Comité de Village
Sous/types	Transporter du sable, des briques, du moellon, du bois, etc.	Maçonnerie	Conduire des réunions publiques
	Transporter du ciment et des tôles	Charpenterie	Mobiliser & superviser les résidents au travail communautaire
	Travailler sur la route	Connexion d'eau	Faire rapport au personnel de l'agence & aux résidents sur le projet en cours

Les études de cas illustrent également que cette histoire de travail forcé ne détermine pas les expériences actuelles avec le développement. Deux autres éléments sont importants : la notion contestée de biens publics en RDC et de l'attitude de l'élite locale chargée de la gestion du projet.

Le bénévolat pour le développement repose sur l'hypothèse que les gens trouvent une incitation à contribuer au bien public. Mais qu'est-ce qu'un bien public ? En RDC, comme nous venions de le montrer dans le chapitre, il existe des antécédents où la charge publique a été traitée comme une entreprise privée. En outre, c'est la question de savoir combien des routes et d'écoles sont publiques pour que les gens y fournissent leur labeur. Dans le cas des routes, elles sont plutôt dans l'intérêt des élites qui peuvent supporter la charge de les utiliser plutôt que dans l'intérêt des habitants pauvres qui n'ont pas fourni le labeur nécessaire pour les construire. Dans le cas des écoles, l'éducation en RDC est organisée sur base du recouvrement complet des coûts. Ainsi, les écoles ne sont pas considérées comme un bien public et les gens se plaignaient beaucoup que leur contribution à la construction de l'école n'ait pas entraîné une réduction des frais de scolarité. Ce qui aurait constitué une forme d'incitation économique, là où l'incitation sociale de contribuer au bien public était clairement inappropriée.

La deuxième motivation censée soutenir les composantes du travail bénévole des projets est l'idée de l'appropriation : comme les gens ont choisi les projets auxquels ils étaient censés être motivés à y contribuer. Cependant, la réalité est différente. Comme nous l'avons montré ailleurs, la sélection des projets a été beaucoup plus dirigée par l'élite que par l'ensemble de la population (Kyamusugulwa & Hilhorst 2015). Dans la pratique de la mise en œuvre, la façon dont l'élite traite le projet importe beaucoup. Lorsque l'élite se limitait à la gestion du projet, les gens pensaient qu'il y avait plutôt l'injustice que l'appropriation. Uniquement dans le cas où le projet a eu une histoire avant Tushiriki et où le leadership s'était consacré à motiver les gens à réellement s'engager dans le travail manuel, un sentiment d'appropriation s'est développé et les projets se sont achevés avec succès.

Le cas du programme Tushiriki à l'Est de la RDC offre ainsi une leçon importante pour les programmes CDR dans les zones touchées par le conflit avec une histoire troublée de labeur forcé. Avant l'exécution du projet, une recherche approfondie devrait être réalisée à propos des opinions locales et idées sur les différents types de travaux et à propos des moyens les plus appropriés et acceptables de stimuler la participation de la population.

5.5. Références bibliographiques

Agrawal, A. and G. Yadama. (1997). 'How do Local Institutions Mediate Market and Population Pressures on Resources? Forest Panchayats in Kumaon, India' *Development and Change* 28: 435–65.

Arnstein, S. R. (1969). 'A Ladder Of Citizen Participation', *Journal of the American Institute of Planners*, 35, 4: 216–24.

Buchya, M. and S. Hovermanb. (2000). 'Understanding public participation in forest planning: a Review', *Forest Policy and Economics* 1: 15–25.

Callaghy, T. (1984). *The state-society struggle: Zaire in comparative perspective*. New York, NY: Colombia University Press.

Clay, J. (1986). 'Rural Public Works and Food-for-Work', *World Development*, 14,10/14: 1237–52.

Cliffe, S., S. Guggenheim and M. Kostner . (2003). 'Community-driven reconstruction as an Instrument in war-to-peace transitions', pp 1–21. Washington, DC: World Bank, Social Development Department, Environmentally and Socially Sustainable Development Network.

Dagnachew, A.S. (2013). 'The Importance of Labour for Food Security: Household Experiences in Ebinat Woreda, Amhara Region', in D. Rahmato, A. Pankhurst & J.G. Uffelen (Eds) *Food Security, Safety Nets and Social Protection in Ethiopia,* pp 447 – 68. Addis Ababa: Forum for Social Studies.

Global Witness. (2009). *Faced with a gun what can you do? War and the militarisation of mining in eastern Congo.* London: Global Witness.

Hickey, S. and U. Kothari. (2009). 'Participation', pp 82–9. Amsterdam: Elsevier.

Hilhorst, D., I. Christoplos and G. Van Der Haar. (2010). 'Reconstruction from below: a new magic bullet or shooting from the hip?', *Third World Quarterly* 31, 7: 1107–24.

Kabwit, G. (1979). 'Zaire: the roots of the continuing crisis', *Journal of Modern African Studies* 17, 3: 381–407.

Kyamusugulwa, P.M. (2013a). 'Local ownership in reconstruction axée sur la communauté in the Democratic Republic of Congo', *Community development* 44 (3): 364–85.

Kyamusugulwa, P.M. (2013b). 'Participatory development and reconstruction: a literature review', *Third World Quarterly* 34 (7):1265–78.

Kyamusugulwa, P.M. and D. Hilhorst. (2015). 'Power holders and social dynamics of reconstruction axée sur la communauté in the Eastern Democratic Republic of Congo', *World Development.*

Larmer, M., Laudati, A. and J. Clark. (2013). 'Neither war nor peace in the Democratic Republic of Congo (DRC): profiting and coping amid violence and disorder', *Review of African Political Economy* 40, 135: 1–12.

Mansuri, G. and V. Rao. (2004). 'Community-based and -driven development: a critical review', *The World Bank Research Observer* 19, 1: 1–39.

Northrup, D. (1988). *Beyond the bend in the river: African labor in eastern Zaire, 1865–1940.* Athens: Ohio University Press.

Oxfam. (2012). *Commodities of war: communities speak out on the true cost of conflict in eastern DRC*. Oxford: Oxfam Briefing paper 164.

Pottier, J. (2003). *Emergency in Ituri: political complexity, land and other challenges in restoring food security*. FAO International Workshop in Tivoli, 23–25 September.

Prunier, G. (2009). *Africa's world war: Congo, the Rwandan genocide and the making of a continental catastrophe*. Oxford: Oxford University Press.

Pype, K. (2008). *The making of the Pentecostal melodrama: mimesis, agency and power in Kinshasa's media world*. Leuven: PhD Dissertation.

Reyntjens, F. (2009). *The great African war: Congo and regional geopolitics*. New York, NY: Cambridge University Press.

Richards, P. (2006). 'Against Discursive Participation : Authority and performance in African rural technology development', pp 1–9. Paper presented at the session Approaching participation, Wageningen.

Schatzberg, M. (1980). *Politics and class in Zaire: bureaucracy, business and beer I Lisala*. New York, NY: Africana Publishing Company.

Stearns, J. (2011). *Dancing in the glory of monsters: the collapse of the Congo and the Great war of Africa*. Public Affairs Store.

SV and IRC. (2007). 'Annual Plan 2008: The First year of Rebuilding your Future. Reconstruction axée sur la communauté in Burundi and Democratic Republic of Congo: A framework towards poverty alleviation in post-conflict countries', pp 1–15. The Hague: Stichting Vluchteling.

Trefon, T. (2010). *Congo masquerade: the political culture of aid inefficiency and reform failure.* London: Zed Books.
UN United Nations (UN). (2002). 'Final report of the Panel of Experts on the illegal exploitation of natural resources and other forms of wealth of the Democratic Republic of the Congo. S/2002/1146'. New York: UN.
United Nations (UN). (2011). 'Final report of the Group of Experts on the DRC submitted in accordance with paragraph 5 of Security Council Resolution 1952 (2010). S/2011/738'. New York: UN.
United Nations (UN). (2012). 'Final report of the Group of Experts on the DRC submitted in accordance with paragraph 4 of Security Council Resolution 2021 (2011), S/2012/843'. New York: UN.
Verweijen, J. (2013). 'Military business and the business of the military in the Kivus', *Review of African Political Economy* 40, 135: 67–82.
White, S. (1996). 'Depoliticising development: The uses and abuses of participation', *Development in Practice,* 6, 1:6–15.

Photo 5.1: *élèves de l'EP Cishali transportent des pierres pour la reconstruction de leur école, chefferie Luhwindja*

Photo 5.2 : *résidents engagés dans la (re)construction de la route locale, localité Birhala, chefferie Burhinyi*

6. Appropriation locale dans la reconstruction communautaire à l'Est de la RDC

Patrick Milabyo Kyamusugulwa

6.1. Introduction

« L'appropriation locale » occupe une position particulière dans les politiques des organismes bilatéraux et multilatéraux comme l'un des principes d'un développement effectif. Elle peut être améliorée au cours de la reconstruction dirigée par la communauté (CDR) lorsque certaines conditions sont remplies. Ce chapitre analyse si les participants au sein d'un tel programme ont développé l'appropriation locale pendant son exécution. Nous avons collecté les données par observation participante et entretiens semi-structurés au cours de l'exécution du projet. L'étude a observé que, là où les institutions existantes telles que la chefferie et l'église locale ont joué un rôle positif dans l'implication des habitants dans l'exécution de projet et la prise de décisions, et là où la transparence et le rendre-compte ont contribué à un succès relatif de l'intervention, les gens ont développé un sentiment d'appropriation. Ce chapitre soutient que l'appropriation locale d'un projet de CDR peut être améliorée dans les programmes qui créent un espace pour celui-ci, et où les institutions existantes sont en sa faveur. Une attention particulière est à porter aux programmes qui utilisent la reconstruction/le développement participatif qui peuvent améliorer la capacité des bénéficiaires potentiels de s'approprier le projet.

Les stratégies relatives au développement rural ont commencé à adopter plus communément une approche démocratique « de bas-en-haut » après l'échec de l'approche « de haut-en-bas » (Motteux, Binns, Nel, &

Rowntree, 1999). Pour augmenter le pouvoir des bénéficiaires de développement, il y a eu un changement depuis les années 1980 et 1990 du développement basé sur la communauté (CBD dans son acronyme en Anglais) vers un développement dirigé par la communauté (CDD dans son acronyme en Anglais). Alors que le CBD a tendance à impliquer les bénéficiaires dans l'exécution du projet, le CDD les implique aussi dans la conception du projet (Dasgupta & Berad, 2007; Mansuri & Rao, 2003; Onyach-Olaa, Namara, & Lubanga, 2003). Cependant, les critiques de l'approche CDD ont, à plusieurs reprises fait remarquer l'incapacité des membres des communautés dans la gestion financière et les relations de pouvoir problématiques comme certaines des limites de cette approche (Cooke & Kothari, 2001; Mansuri & Rao, 2003; Platteau, 2004; Platteau & Gaspart, 2003; Richards, Bah, & Vincent, 2004).

En ce qui concerne la reconstruction, elle est exécutée selon la tradition Marshall1 en République Démocratique du Congo (RDC), en particulier ; la reconstruction signifie non seulement la reconstruction de l'infrastructure de base détruite pendant les guerres, mais aussi la création d'un espace de paix, de réconciliation et de cohésion sociale (Hilhorst, 2007).

Depuis le milieu des années 1990, « l'appropriation locale » a été positionnée comme une condition préalable au développement effectif et durable (Kuehne, Pietz, Carlowitz, & Gienanth, 2008; Saxby, 2003). Trois observations viennent à l'avant-plan à cet égard. Tout d'abord, il est fréquemment mentionné dans les rapports ou les déclarations de politique qu'il devrait y avoir « une appropriation gouvernementale » ou « une appropriation par les parties prenantes » pour la réussite d'un programme de développement. On pense que la première condition *sine qua non* au développement et peut-être la plus importante d'entre elles, est « l'appropriation », parce qu'un pays doit conduire son propre développement, ses besoins et ses priorités (Natios, 2005). En second lieu, le degré d'appropriation locale est fréquemment cité comme un des facteurs de succès ou d'échec de la reconstruction ou du développement post-conflit.

En même temps, la principale faiblesse des programmes d'ajustement structurel est qu'ils ne parvenaient pas à créer un sens d'appropriation au sein du gouvernement bénéficiaire (Weeks *et al.*, 2002). Enfin, il y a des donateurs comme l'Agence Suédoise de coopération internationale au développement qui s'engagent à fournir un programme d'aide en facilitant et en faisant la promotion de l'appropriation dans les pays partenaires (Weeks *et al.*, 2002). Toutefois, pour la plupart des programmes, bien qu'avec l'appropriation locale au développement/reconstruction, traduire ce concept en pratique peut être un grand défi (Weeks *et al.*, 2002).

Ce chapitre analyse tout d'abord si les participants d'un projet de reconstruction dirigée par la communauté (CDR) ont développé un sens d'appropriation au cours de sa mise en œuvre. Il fait ensuite valoir que ce sens d'appropriation d'un projet CDR puisse être amélioré parmi les communautés locales à travers des programmes qui créent un espace pour elle ou dans le cas où les institutions existantes favorisent un tel sentiment d'appropriation du projet. Ce faisant, la priorité devra être donnée aux programmes qui utilisent la reconstruction /développement participative (tif), qui améliore les perspectives des bénéficiaires potentiels à développer un sens d'appropriation du projet.

Le reste de ce chapitre est structuré comme suit. La section suivante présente une brève revue de la littérature sur l'appropriation et décrit le contexte du conflit en RDC. Ensuite, nous traitons du contexte du projet, sa description et les méthodes utilisées. Puis, nous présentons les études de cas, y compris les points de vue des fonctionnaires et agents du programme. La dernière section présente la discussion des résultats et les conclusions de cette étude.

6.2. A propos de l'appropriation locale

« L'appropriation » est un sujet de débat dans les discours sur le développement, en raison des niveaux bas d'appropriation dans différents pays qui dépendent de l'aide (Bräutigam, 2000, p. 31). « L'appropriation locale » signifie que les bénéficiaires d'un certain projet, financé par la coopération technique internationale, ont le sentiment que le projet leur appartient. Elle se réfère également à la capacité des différentes parties prenantes, leur pouvoir ou leur capacité à définir et à prendre la responsabilité de l'agenda de développement, à mobiliser et à maintenir le soutien. Car, les interventions de développement sont vulnérables, dans une certaine mesure, à la mise en forme et au remodelage par les acteurs locaux (Funder, 2010, p.1710). « L'appropriation locale » désigne également un contrôle sur le projet ou le programme et l'engagement des bénéficiaires à la réussite de l'entreprise (Hannah, 2006; Saxby, 2003; Weeks et al., 2002). Après avoir défini l'appropriation locale, il s'ensuit qu'une approche, telle la CDR, qui offre un choix aux habitants dans la conception et l'exécution d'un projet, peut contribuer à l'appropriation locale et la réduction de la pauvreté. Et ce, en termes d'accès à l'éducation, à l'eau potable, et aux soins de santé, qui sont similaires à certains des objectifs du Millénaire des Nations Unies (UN, 2009).[2]

Les critiques de l'appropriation ont, à plusieurs reprises, fait remarquer que : (1) l'appropriation est un simple mot à la mode, dont la signification n'est pas claire, et (2) qu'elle est destinée à créer la confusion chez les non habitués et les imprudents (Buiter, 2004). Malgré les critiques, elle continue à être appliquée dans des domaines variés : terres, entreprises, banques, sécurité, consolidation de la paix et assistance à la reconstruction et au développement post-conflit (Majee & Hoyt, 2010; Weeks et al., 2002). Le dernier domaine est intéressant pour ce chapitre, compte tenu du fait que l'Est de la RDC a connu une transition entre la reconstruction post-conflit et le développement dans certaines régions et une période de conflits dans d'autres milieux.

La question qui se pose ici est de savoir à quoi se réfère « locale » dans l'expression « appropriation locale » ? Deux points méritent une attention particulière. Tout d'abord, pour le bailleur de fonds du gouvernement, « locale » désigne le gouvernement bénéficiaire ou la contrepartie du gouvernement qui reçoit une aide. D'autres termes connexes sont utilisés, tels que « appropriation par le pays », « appropriation par l'État » et « appropriation nationale » pour signifier une panoplie de programmes, de processus, de plans et de stratégies impliquant des parties nationales et étrangères (Buiter, 2004). Deuxièmement, l'appropriation « locale », contrairement à l'appropriation « nationale », fait référence aux communautés de base, aux parties prenantes ou aux bénéficiaires, plutôt qu'au Ministère ou au Gouvernement Central. Ce chapitre adopte le deuxième sens, il s'intéresse à la CDR qui ne peut pas être comprise sans prêter attention à l'appropriation locale de l'intervention.

6.3. Le contexte du conflit en République démocratique du Congo

Cette section souligne brièvement le statut socioéconomique et l'histoire de la RDC. La RDC peut être considérée comme l'un des pays les plus pauvres du monde. Selon le rapport du Programme de Développement des Nations Unies 2009 sur l'Indice de Développement Humain (IDH), la RDC occupe le 176eme rang parmi les pays par son faible taux de développement humain, comme le révèlent les statistiques suivantes. L'espérance de vie est d'environ 47,6 ans ; le taux d'alphabétisation des adultes (de 15 ans et plus) est d'environ 67,2 % ; le taux brut combiné d'enrôlement scolaire est de 48,2 % ; le Produit Interieur Brut (PIB) par capita (PPA USD) est 298$ US. Aussi, l'indice de pauvreté humaine (HP-1) est 38 ; la proportion de gens n'utilisant pas une source d'eau aménagée est de 54 % ; et l'indice de développement entre les sexes (en % du IDH) est environ 95,1(PNUD, 2009). Dans les zones rurales, où l'étude a été effectuée, les principales sources de revenus pour la majorité de la population sont l'agriculture et l'élevage.

En ce qui concerne l'historique, la RDC est devenue indépendante de la Belgique le 30 juin 1960. Les problèmes qui ont touché le pays entre 1996 et 2003 avaient leur origine dans les conflits qui se sont produits dans des pays voisins (le massacre de 1993 au Burundi et le génocide de 1994 au Rwanda) et dans la faiblesse du régime de Mobutu et son armée. Avec l'implication de plus de cinq pays africains dans le conflit, soit du côté du gouvernement, soit du côté des rebelles, le conflit s'est classé comme l'un des événements les plus dévastateurs dans la région depuis la fin de la seconde guerre mondiale (Lemarchand, 2001; Reyntjens, 2005).

Quatre principaux événements méritent d'être rappelés ici. (1) En mai 1997, le régime Mobutu a été renversé par l'Alliance des Forces Démocratiques pour la Libération du Congo, dirigée par Laurent-Désiré Kabila, qui devint plus tard le Président du pays jusqu'à son assassinat en 2001. Ensuite, son fils, Joseph Kabila, a continué en tant que président. (2) Entre 1998 et 2003, sous Kabila et Kabila fils, deux principaux mouvements rebelles contrôlaient la partie orientale du pays jusqu'à ce qu'un accord a été conclu au cours du dialogue inter congolais de Sun City pour la paix et le gouvernement de transition, qui en est sorti. Ces mouvements rebelles étaient le Rassemblement Congolais pour la Démocratie, basé dans la province du Nord - Kivu et le Mouvement de Libération du Congo dans la province de l'Equateur. (3) De 2003 à 2006, la RDC était sous le gouvernement de transition dirigé par le Président Joseph Kabila, qui était assisté par quatre vice-présidents, parmi lesquels deux représentaient les principaux mouvements armés. (4) Les premières élections présidentielles et législatives dites démocratiques ont eu lieu en 2006 ; autrement dit, presque après 40 ans de dictature et de chaos depuis l'indépendance (Merckx & Vander Weyden, 2007).

Au cours de ce conflit dans le pays, les provinces de l'Est de la RDC et plus particulièrement le Sud-Kivu ont été les plus touchées. Par exemple, un rapport de l'International Rescue Committee (IRC) a estimé que 5,4 millions de décès sont survenus entre août 1998 et avril 2007 en République Démocratique du Congo (Coghlan et al., 2007). En outre, les infrastructures de base, tels que les hôpitaux, les ponts, les routes, les écoles, les usines et les stocks alimentaires, ont été détruits par des assauts répétés, en particulier dans la partie orientale du pays, ce qui a nécessité une restauration socio-économique rapide (Balemba, 2004). Toutefois, nonobstant les conditions pacifiques provoquées par les élections de 2006, différents groupes armés ont continué à commettre des meurtres, des massacres et des viols au Sud-Kivu, comme ce fut également le cas dans les autres provinces de l'Est du pays (IRIN, 2008).

6.4. Description, contexte et méthodes

6.4.1. Description du projet

Tushiriki signifie « Impliquons-nous ensemble. » C'est l'un des programmes CDR de l'IRC. L'IRC est une agence internationale américaine basée à New York, qui opère à l'Est de la RDC depuis 1996 (D'Onofrio & Sage, 2007). Il a reçu une contribution de $ US 2 millions par le Ministère Néerlandais des Affaires Etrangères par le biais de Stichting Vluchteling (SV), c'est-à-dire la Fondation Néerlandaise pour les Réfugiés, basée à la Haye. Ce programme visait à : (1) réduire la pauvreté en améliorant les conditions socio-économiques, (2) faciliter la compréhension des principes et des pratiques de bonne gouvernance et (3) les efforts de plaidoyer pour le compte des communautés et vers les décideurs (SV & IRC, 2007). Le programme était en vigueur depuis 2008 jusqu'en 2010 dans la province du Sud-Kivu en RDC.

L'idée de base de l'approche est qu'en faisant participer les communautés locales dans la prise de décision et l'exécution du projet, il est possible de promouvoir une gouvernance locale de reconstruction à travers le processus participatif (Maynard & Jodi, 2007; McBride & Patel, 2007). Une des façons de faire consiste à créer un comité local dans chacune des 34 villages ciblés par le programme de telle sorte que les membres du comité sont responsables de la gestion de projets avec l'assistance technique du personnel de terrain du programme. Un comité de village, composé de cinq hommes et cinq femmes pour les cinq postes de président, trésorier, secrétaire, mobilisateur et chargé d'inclusion – organisait des réunions publiques régulières afin de familiariser les habitants avec l'exercice démocratique de rendre-compte social.

Le comité recevait de l'argent pour l'exécution du projet ; il engageait des techniciens locaux pour construire l'infrastructure sélectionnée telle que des salles de classe et des systèmes d'adduction d'eau ; il mobilisait des résidents à participer à sa construction et faisait le rapportage au personnel de l'IRC-Tushiriki et à la communauté. En plus de la structure CDV, un autre corps de deux membres (un homme et une femme), jouant le rôle de chien de garde pour l'exécution du projet par le comité de village, servait de liaison entre le comité et la communauté. Du côté de l'enveloppe de la subvention, un montant de 3 000 $ US était alloué par village et celui de 50 000 $US à 70 000$US pour chaque communauté (IRC & CARE, 2009). Enfin, d'autres organismes nationaux et internationaux, comme le Catholic Relief Services, Malteser International et le Fonds des Nations Unies pour l'Enfance (UNICEF)/ *l'Associazione Volontari per il Servizio Internazionale* (AVSI), adoptant l'approche de reconstruction différente de celle de l'IRC-Tushiriki, étaient actifs dans la région.

6.4.2. Contexte

L'étude s'est déroulée dans les chefferies de Burhinyi et de Luhwindja dans la province du Sud-Kivu en RDC. Les Barhinyirhinyi (peuple de Burhinyi) et les Bawhindjawhindja (peuple de Luhwindja), tous deux appartenant à l'ethnie *Shi*, constituent la grande majorité des habitants de ces régions. Au moment de la collecte des données, un petit groupe de combattants Hutus vivait dans le groupement d'Itudu en chefferie de Burhinyi jusqu'à l'opération Kimia II. La structure administrative d'une chefferie se compose d'un ensemble de groupements, chacun d'entre eux, à son tour, se compose d'un ensemble de villages. Chaque village est dirigé par un chef nommé par le roi connu comme le *Mwami* (chef de la chefferie).

Burhinyi et Luhwindja ont été fortement affectés par la guerre, comme l'ont été d'autres régions plus éloignées de la province du Sud-Kivu. Les combattants Hutus ont fui vers le secteur en 1996, après quoi une série de combats ont éclaté, impliquant l'AFDL et les mouvements rebelles RCD de 1996 à 1997 et de 1998 à 2003, respectivement. Dans ces combats, les forces militaires qui occupaient la région, se battaient contre des éléments de la milice formée par l'ancienne armée rwandaise appelée parfois Forces Démocratiques pour la Libération du Rwanda (FDLR), qui était également connu sous le nom des combattants *Interahamwe* ou Hutus. Ainsi, si les habitants ne fuyaient pas pendant les vagues de combats, ils étaient entièrement vandalisés par des groupes armés, qui comprenaient les FDLR et les Maï-Maï. La fin des combats a eu lieu en 2009 quand l'armée congolaise a affronté les *Interahamwe*, au titre de l'opération Kimia II, qui a été soutenue par la Mission des Nations Unies au Congo.

Comme population cible pour le programme Tushiriki, quatre communautés ont été choisies au hasard dans 17 villages dans chaque chefferie. Une sélection aléatoire a été opérée car elle assure la transparence du programme, qui est nécessaire pour la bonne gouvernance. Un des critères de sélection a été la taille de la population, comme les entités ont été classées en communautés Tushiriki (presque 6000 habitants chacune) et en villages Tushiriki (près 1200 habitants chacun). D'après un rapport du Bureau de la chefferie de 2008, les communautés choisies représentaient 22 948 résidents, choisis parmi les 55 993 habitants de Burhinyi et 21 225 résidents parmi les 47 073 habitants de Luhwindja. Les populations dans les communautés sélectionnées vivaient de manière semblable à celles des communautés non sélectionnées en ce sens qu'elles vivaient proches de la route principale, dans les centres et dans les régions plus éloignées.

6.4.3. Méthodes

Comme la position ontologique a trait à la nature et à l'essence des choses dans le monde social, nous nous proposons d'abord de montrer la réalité en question dans cette étude, qui est la façon dont les résidents percevaient le projet IRC-Tushiriki : selon que le projet était le leur ou non. De même, l'appropriation, à la différence des secours d'urgence, se rapporte à la reconstruction/développement dans laquelle les résidents sont invités à identifier les besoins prioritaires du village et de participer à l'exécution du projet. Toutefois, cette reconstruction/développement peut être conçu(e) et mis (e) en œuvre de différentes façons par les différents bénéficiaires. La position épistémologique a trait à la connaissance et à l'évidence, il est nécessaire de montrer comment collecter les données et démontrer les phénomènes sociaux. Par conséquent, ce qui suit est une description de la manière dont les données ont été recueillies auprès des résidents et des responsables au chef-lieu de la chefferie, ainsi qu'auprès du personnel de l'Agence.

Cette étude repose sur quatre études de cas impliquant quatre des 34 villages couverts par le programme IRC-Tushiriki dans les deux chefferies de Burhinyi et de Luhwindja. Selon Yin (cité par Gray, 2006), une étude de cas est une enquête empirique sur un phénomène contemporain dans son contexte de vie réelle, en particulier lorsque les frontières entre le phénomène et le contexte ne sont pas claires. L'approche de l'étude de cas est appropriée pour analyser les mérites de l'adoption d'une méthodologie participative lors de la reconstruction. En particulier, la manière dont les résidents construisaient socialement l'intervention, selon qu'ils la considéraient comme la leur ou non (Sneddom & Fox, 2007). En outre, la méthode d'étude de cas a été choisie, parce qu'elle a été jugée appropriée lorsqu'on est confronté avec les questions de « comment », relatives aux phénomènes étudiés (Gray, 2006, p. 124). Les cas ont été choisis au hasard à l'aide d'un échantillon aléatoire simple de quatre villages dans la liste des 34 villages ciblés ; c'est-à-dire, nous avons numéroté tous les villages parmi lesquels nous avons sélectionné quatre villages dans les deux chefferies, à l'aide d'un tableau de nombres aléatoires. Toutefois, la sélection des participants à l'étude n'était pas aléatoire. Ils étaient des résidents rencontrés sur les sites de reconstruction et/ou à leur domicile.

Les cas sélectionnés partageaient un grand nombre des caractéristiques requises pour les villages cibles. L'une était que la majorité des villages des cas étudiés avaient des classes réhabilitées (trois sur quatre, 75 %), parce que les habitants attribuaient une valeur à l'éducation des enfants comme leur priorité. Une autre était que les deux chefferies étaient représentées en sélectionnant deux villages dans chaque région. Enfin, les villages de l'étude de cas incluaient ceux qui étaient éloignés des centres de la chefferie et ceux qui étaient plus proches de la route principale. Par exemple, tandis que Byazi est parmi les plus reculés à Luhwindja, Mushugula est parmi les plus proches de la route principale.

Dans chaque cas, si possible, une description complète est donnée sur l'emplacement, la tribu des résidents, la structure administrative et politique, les infrastructures et les institutions existantes et les pensées des résidents avant et pendant l'exécution du projet. L'attention était portée surtout sur le fait qu'ils croyaient que le projet retenu était le leur et qu'ils l'avaient socialement construit de telle manière qu'ils soient motivés à y participer et assurer son maintien (voir tableaux 6.1 et 6.2). Ces deux dernières variables étaient la clé pour déterminer si les participants ont estimé qu'ils s'appropriaient le projet ou non. De même, lorsque c'est possible, on explique pourquoi un projet de village était considéré comme un succès ou un échec. La structure administrative et politique de la région est faite en sorte que chaque village est dirigé par un chef du village, dirigé par un chef de groupement qui est à son tour dirigé par un chef de la chefferie (autrement dit, le *Mwami* ou le roi ou le chef de la chefferie). La plupart des habitants de ces chefferies étaient des originaires ; par exemple, les Barhinyirhinyi, qui sont de Burhinyi et Bahwindjahwindja, qui sont du Luhwindja (voir la Figure 6.1).

Nous avons collecté les données de cette étude de septembre 2008 à avril 2010, où nous avons été perçus par certains participants, comme une équipe de chercheurs qui voulait comprendre la dynamique de la reconstruction dans leur région et par d'autres, comme une équipe d'amis ou d' académiciens vivant au chef-lieu provincial (Bukavu).

La maîtrise du Swahili par l'équipe de l'étude a grandement facilité leur interaction avec les informateurs. La première visite, effectuée du 23 septembre au 5 octobre 2008, a été consacrée à l'exploration de l'histoire du conflit dans la région, son homogénéité et sa composition sociale et ethnique, l'éloignement et la proximité des villages ciblés. Mais aussi la structure administrative et l'interaction avec d'autres organismes dans la région. Plus tard, nous avons effectué des visites régulières et l'observation participante pendant que les différentes étapes du projet étaient en exécution. Par exemple, l'auteur a assisté, en qualité d'observateur, à des réunions publiques sur l'approbation des projets et les activités de l'exécution du projet par les habitants, ainsi qu'à des services religieux où des informations sur l'intervention étaient, dans une large mesure, fournies. Aussi, des entretiens semi-dirigés ont été menés avec les intervenants, qui étaient des résidents (masculins et féminins, jeunes et adultes, alphabètes et analphabètes, élites et non-élites, membres du comité et non-membres du comité) de la zone. Au total, 88 participants ont été interrogés individuellement ou collectivement, et 39 observations participantes ont été réalisées en ce qui concerne les réunions et la reconstruction de l'infrastructure.

Tableau 6.1: *définition des concepts qui décrivent un village*

Population et groupe ethnique	**Structure administrative/Politique**	**Institutions et infrastructures existantes**
- Taille de la population au début de la collecte de données de cette étude, soit septembre 2008.	- Structure qui gouverne une entité, du village au groupement et du groupement à la chefferie.	- Institutions telles que la chefferie et les églises locales qui façonnent les normes et les comportements sociaux des gens.
- Tribu prédominante qui appartient à un groupe ethnique prédominant dans un village. A Burhinyi et Luhwindja, les habitants sont plus homogènes.		- Infrastructures pour les services sociaux tels que les écoles/classes, les centres de santé, ponts/ route locale, système d'eau, etc.
Groupement : entité intermédiaire entre la chefferie et le village ou la localité. Il est dirigé par un chef de groupement nommé par le chef de chefferie (le Roi ou le Mwami).		

Pour compléter les données, nous nous sommes entretenus avec un représentant du Ministère du Développement Rural dans la capitale Kinshasa et des cadres supérieurs du programme IRC-Tushiriki. L'objectif était de recueillir leurs avis sur la question de savoir si une approche participative pour la reconstruction et le développement pouvait conduire à l'appropriation des projets de reconstruction. Pour éviter les biais possibles, seuls les participants qui ont été directement ou indirectement impliqués dans l'exécution des projets au cours de l'intervention ont été interviewés. Cette approche nous a permis de nous rassurer que les participants parlaient seulement du programme Tushiriki et pas de n'importe quelle intervention précédente ou parallèle dans la même zone.

Dans les descriptions suivantes, nous avons examiné qui prenait les décisions dans le processus de reconstruction des projets, et comment elles étaient prises, et comment les gens les percevaient. De même, nous avons montré ce que les gens pensaient de leur contribution au cours de l'intervention dans le projet.

Tableau 6.2: *définition des concepts qui décrivent l'appropriation locale*	
Représentations des résidents au début et pendant l'exécution du projet	**Participation des résidents dans l'exécution du projet et leurs représentations à la fin du projet**
(i) S'ils croyaient ou non à l'efficacité de l'IRC-Tushiriki comme organisme de financement pour débourser de l'argent à leur village comme promis. (ii) S'ils estimaient ou non qu'ils aient suffisamment contribué à la participation locale au sujet du projet sélectionné.	(i) Qu'ils estimaient ou non que l'intervention a échoué à impliquer les résidents dans la sélection et l'exécution du projet. Par conséquent, les résidents se sentaient ou ne pas s'approprier les processus et les résultats du projet.
(i) S'ils estimaient ou non qu'ils étaient très impliqués dans le choix du projet et que celui-ci reflétait leur plus grand besoin. (ii) S'ils se sentaient ou non être actifs dans l'exécution du projet parce que l'infrastructure sélectionnée était la leur.	(i) Que la majorité des résidents aient ou non fait le travail, c'est-à-dire qu'ils ont pris part au travail communautaire. (ii) Si oui ou non ils ont décrit les raisons pour lesquelles ils pensaient ainsi (de l'échec ou du succès du projet).
(i) S'ils estimaient ou non que la reconstruction à faire était pour le développement de leur village. (ii) Qu'ils estimaient ou non qu'ils gagneraient une récompense directe une fois que l'infrastructure sélectionnée serait reconstruite. Par exemple, l'exonération des frais de scolarité pour ceux qui auraient contribué à la reconstruction des salles de classe.	(i) Si les résidents ont pris part ou non à la participation technique (travail qualifié) comme les maçons pour construire des murs pour une salle de classe et étaient disposés à le faire parce qu'ils étaient originaires du même village et parce qu'ils ont reçu des salaires pour cela. (ii) Si les résidents sont ou non devenus plus disposés à contribuer localement dans un projet similaire en cas de financement.
(i) S'ils se sentaient prêts à participer à la contribution locale dans l'exécution du projet. (ii) Qu'ils estimaient ou non que la subvention affectée à leur village a été bien gérée pour le projet de reconstruction par le comité du village.	(i) Si des matériaux locaux comme des briques brûlées ont été achetés ou non dans le même village. (ii) Si oui ou non les résidents se sentaient fiers d'avoir contribué à l'exécution du projet.
(i) Qu'ils estimaient ou non que la qualité de la (re)construction est meilleure comme résultat d'une meilleure gestion du projet.	(i) Si oui ou non les résidents se sentaient prêts à contribuer à la maintenance du projet, car ils estimaient que celui-ci était le leur.

IRC: *International Rescue Committee*

Figure 6.1: *diagramme organisationnel de différents groupes ethniques*

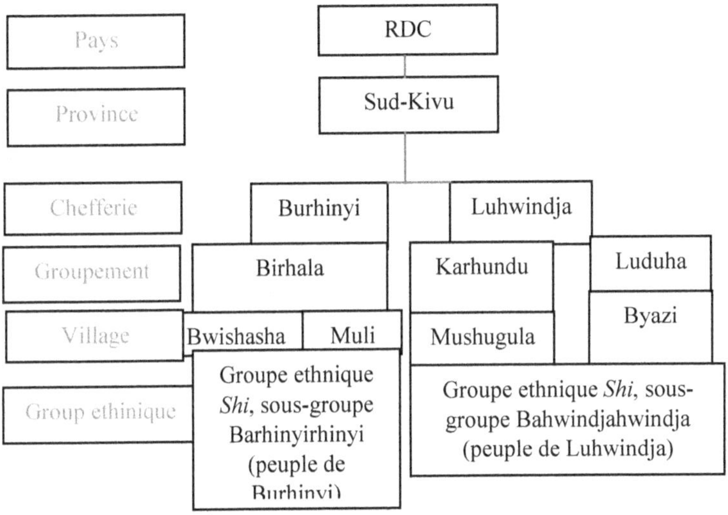

Enfin, nous avons identifié les facteurs qui ont contribué à la réussite ou à l'échec du projet dans un contexte contrasté des situations : où les habitants développaient un sentiment d'appropriation du projet, et où ils avaient difficilement développé un tel sentiment. Par exemple, où l'institution de la chefferie était plus influente dans le processus décisionnel, avec la faible implication des résidents, comme à Mushugula, les habitants étaient peu disposés d'apporter toute contribution ou le paiement des frais pour l'entretien du réseau d'adduction d'eau. En revanche, les résidents de Muli estimaient que la reconstruction des écoles, initiée et gérée par une église locale, était leur plus haute priorité, et qu'ils étaient prêts à participer à sa reconstruction.

6.5. Etudes de cas

6.5.1. Bwishasha

Le village de Bwishasha se situe dans le groupement de Birhala qui appartient à la chefferie de Burhinyi. Il faut une demi-heure de marche à partir du centre commercial de Luvungi à Birhala-Centre, le principal marché de la chefferie. Le village possède deux églises principales (8ème CEPAC, 8ème Communauté des Eglises des Pentecôtistes en Afrique Centrale et l'Eglise Catholique Romaine), chacune ayant une école primaire dans le village même. L'école primaire catholique a été entièrement reconstruite en 2008 par AVSI/UNICEF, tandis que l'école protestante a été partiellement reconstruite sous le financement IRC-Tushiriki de 2008 à 2009. Etant situé à côté de la route principale menant à Burhinyi, le village est accessible en voiture par les églises catholiques et protestantes. Sa population en 2008 était de 2156, tous les habitants étant des Barhinyirhinyi.

En 2008, lorsque le projet IRC-Tushiriki devait être implémenté dans ce village, la pensée des dirigeants était de détourner le projet vers l'école protestante, comme AVSI/UNICEF avait déjà reconstruit l'école catholique. Pourtant, cette école protestante était entièrement construite avec six salles de classe et le bureau du directeur de l'école. Grâce à cette nouvelle subvention, il était prévu de construire deux nouvelles salles de classe, dont l'une pourrait servir de la salle de réunion ou de la salle des enseignants. Parce que la salle actuelle de l'école ne satisfaisait pas aux normes du ministère de l'éducation (c.-à-d. 5 x 6 m, plutôt que 7 x 6 m). Le directeur d'école, qui était aussi le pasteur principal de l'église, a commenté ainsi : « Comme c'est gratuit, nous allons l'utiliser comme salle de réunion pour les enseignants ». Cette déclaration montre que dans l'exécution du projet, les normes du ministère n'étaient pas strictement respectées en raison des désaccords entre le directeur de l'école et les membres du comité du projet. Avant d'exécuter le projet, cependant, le pasteur principal, qui faisait également partie de l'élite locale, a pu basculer la décision en faveur de la reconstruction de l'école, parce que l'école catholique avait déjà bénéficié du financement AVSI/UNICEF. Cela a créé un faible sentiment d'implication dans le projet au niveau des résidents, parce que beaucoup ressentaient l'amertume qu'ils n'avaient pas été impliqués dans le processus décisionnel, malgré le fait que la décision était censée être dans l'intérêt de la communauté. Un des maçons, résident de Bwishasha, a dit :

« Nous pouvions choisir la distribution de semences comme un projet local d'agriculture. La sélection des projets a été faite par eux [le personnel Tushiriki], plutôt que par les communautés locales ; nous ne comprenions pas pourquoi c'était ainsi. Vous pouvez vraiment voir comment votre famille prend de l'intérêt ; donc, vous payez les frais de scolarité pour les enfants. Nous sommes d'accord que le bâtiment de l'école est d'intérêt communautaire. Une des difficultés auxquelles nous sommes confrontés est le manque de moellons et de sable. Ce que vous voyez là a été transporté par quelques membres de famille et les enfants qui étudient là-bas, parce que même après le transport des moellons, ils devront payer le même montant de frais de scolarité et les frais de construction comme ceux qui n'ont rien fait. Il s'agit d'une sorte d'injustice sociale ! ».

De même, un autre résident qui était un creuseur d'or et un agriculteur, a déclaré : « Nous sommes conscients du projet Tushiriki. Le problème est que nous ne sommes pas beaucoup impliqués dans ces contributions locales, parce que souvent, nous contribuons seulement à ces choses comme le *Salongo* [travail forcé], à partir duquel nous ne gagnons rien ». Enfin, un autre résident, une lycéenne a mentionné : « Les gens nous en ont parlé, mais je ne sais pas de quoi ils parlent ». Ces citations révèlent deux choses. L'une est qu'il y avait un problème avec la sélection du projet ; la majorité des habitants n'y était pas pleinement impliquée. Ils avaient encore en tête une approche humanitaire pour la distribution de semences, parce qu'ils estimaient que la fourniture des semences était un meilleur choix pour eux et cela pourrait profiter à tous les ménages équitablement. L'espace autorisé où les gens poseraient des questions et exprimeraient leurs idées ne suffisait pas à leur faire croire qu'ils avaient besoin d'un projet de reconstruction auquel ils avaient droit de contribuer et de maintenir de manière durable pendant un certain temps. L'autre problème est que les gens ne percevaient pas que l'école était la leur. Ils croyaient au contraire, qu'elle appartenait à l'église 8eme CEPAC et à son pasteur, qui se trouvait être son directeur d'école en même temps. Ce mépris pour les résidents locaux de la part de l'église et des gestionnaires de l'école, explique pourquoi il était difficile pour les habitants de s'approprier le projet de village de Bwishasha.

Néanmoins, les résidents, en particulier les maçons, appréciaient deux choses. Tout d'abord, les techniciens ont été embauchés parce qu'ils étaient originaires du même village. Deuxièmement, les matériaux locaux tels que les briques cuites ont été utilisés dans la construction. Ces observations étaient faites uniquement dans le cas de projet de l'IRC-Tushiriki, et les habitants n'avaient vu aucun autre projet de reconstruction semblable (qu'il s'agisse d'AVSI/UNICEF dans le même village ou CAB/ICCO dans un village voisin). Bref, malgré la construction des deux salles de classe à l'école primaire de 8eme CEPAC, ce projet n'a pas pu impliquer suffisamment les résidents soit dans la sélection du projet, soit dans la contribution locale y relatives. Les gens sentaient qu'ils ne s'appropriaient pas le projet, et donc l'infrastructure construite. Une des raisons pour une telle situation était le manque de rendre-compte social des élites, comprenant les dirigeants de l'église et les chefs.

6.5.2. Byazi

Byazi est un village du groupement de Luduha qui appartient à la chefferie de Luhwindja. Il n'est pas accessible en voiture, et il faut environ trois heures de marche pour y arriver à partir du centre commercial de Luhwindja (c'est-à-dire Kibuti) et de l'hôpital de référence d'Ifendula, dans la partie nord de la chefferie, non loin de la chefferie de Ngweshe. En 2008, le village Byazi, également connu sous le nom de Kamagaga, comptait 1185 habitants, tous étaient des Bahwindjahwindja. Byazi avait une école primaire, l'école primaire de Kamagaga, qui était construite en 1957, au cours de la période coloniale belge ; l'école est actuellement sous la direction de l'Eglise Catholique. Récemment, l'église a même créé une école secondaire avec une option agrovétérinaire, où l'admission exige de passer par les classes de première et deuxième années secondaires. En plus d'écoles, le village disposait d'un centre de santé sous la gestion de l'Eglise Catholique. Ce n'est qu'en 1972 que fut construit le premier bâtiment solide de l'école de Kamagaga.

En 2008, quand le programme IRC-Tushiriki devait être implémenté dans le village, les résidents, dirigés par le leader de l'église locale et le chef du village, avaient opté pour la rénovation du toit de leur école primaire en fixant de nouvelles tôles. Au cours des réunions publiques, les résidents ne croyaient pas que Tushiriki pourrait fournir des fonds pour la reconstruction de l'école. Plus tard, ils étaient devenus non seulement enthousiastes à ce sujet, mais aussi confiants que les représentants du comité de leur village pouvaient utiliser judicieusement les fonds accordés au village. Par exemple, un habitant enseignant à l'école secondaire de Kamagaga, a dit :

« Nous sommes heureux avec le programme Tushiriki, parce que c'est le premier organisme international à intervenir ici. Le personnel de Tushiriki a pris le temps d'escalader des montagnes pour atteindre ici. Ils sont vraiment engagés pour nous aider. Leur approche met les gens au centre du processus décisionnel et nous devrions décider quel projet finançable par eux est notre première priorité. C'est pourquoi j'ai assisté à leurs réunions et me suis impliqué dans leurs activités ».

Un autre résident a ajouté :

« Nous sommes contents avec Tushiriki. Vous savez, les gens nous ont dit que ce programme ne peut donner ni argent ni réaliser ces projets. Aujourd'hui, nous témoignons le contraire. Regardez, ici, Tushiriki a remplacé les tôles pour trois salles de classe et le bureau du directeur d'école. Nous savons que la totalité du montant donné dans ce programme, qui est de 3 000 $US, a été dépensé ».

De même, commentant la même question, le leader de l'église locale a dit : « Regardez, nous sommes dans un quartier catholique. Je suis le dirigeant de chapelle locale. Je dois vous dire que les habitants de Luduha sont très enthousiastes pour la contribution locale. S'il y a un donateur, les gens ici aiment vraiment le développement ».

Une des raisons du succès du projet c'est que les résidents ont apprécié la transparence et le rendre-compte au sein du projet Tushiriki. Un habitant a dit, « Ils [membres du comité] ont révélé les montants reçus et dépensés, même si je ne me souviens pas des chiffres. En général, nous sommes contents avec eux ». Comme le projet consistait à remplacer le vieux toit avec des tôles, la contribution locale a consisté à transporter les tôles depuis le centre commercial de Luhwindja jusqu'au village. Cela a été accompli par les membres de la chapelle locale, qui étaient également des habitants du village, utilisant l'influence du dirigeant de la chapelle. Un des participants féminins a dit : « Nous sommes contents avec le projet Tushiriki parce qu'il appartient à l'école et notre contribution consistait à transporter des tôles ».

En bref, à la fin du projet, le village a obtenu sa toiture de l'école partiellement reconstruite, et les habitants qui étaient sceptiques sur le projet ont été finalement satisfaits par le projet et étaient prêts à contribuer davantage à un projet similaire. Le cas de Byazi montre que dans des zones très enclavées, si les dirigeants sont engagés et les gens sont pleinement impliqués dans les processus de choix du projet et son exécution, ils peuvent développer un sentiment d'appropriation de l'infrastructure du projet et des sentiments positifs sur le projet de reconstruction participative.

6.5.3. Muli

Muli est un village dans le groupement de Birhala qui fait partie de la chefferie de Burhinyi, à une demi-heure de marche depuis le marché de Luvungi (c'est-à-dire, le centre commercial de la chefferie) à l'Ouest. Comme le chef du village est un fidèle de l'église locale 5eme CELPA[39], la majorité des habitants sont membres de la même église protestante. En 2008, Muli était habitée par 1712 personnes, des Barhinyirhinyi. Avec l'idée d'avoir une école plus proche du village, en particulier pour les enfants, cette église avait initié l'école primaire de Muli, mais ne pouvait pas achever la construction de ses trois salles de classe, qui avait débuté juste avant le conflit de 1998-2003, et par conséquent, il était nécessaire de les compléter. L'administration du village est structurée de telle manière que ses chefs et les dirigeants de l'église proviennent de l'élite locale, y compris le directeur d'école et les enseignants (c'est-à-dire l'élite auxiliaire). Pour la prise des décisions, les non-élites sont les autres résidents qui dépendent des élites. Mais les élites sont socialement liées à ces derniers par de fortes relations de patronage et de la parenté.

---

[39] 5e CELPA signifie Communauté des Eglises Pentecôtistes Libres en Afrique, une des églises protestantes membres de l'Eglise du Christ au Congo (ECC) portant le numéro 5.

En 2008, quand le programme IRC-Tushiriki devait être exécuté dans le village de Muli, toutes les réunions publiques ont eu lieu dans le bâtiment de l'église où le pasteur principal et autres anciens de l'église ont influencé, dans une certaine mesure, la décision sur la priorité du projet du village. Il n'était pas surprenant qu'au cours de l'assemblée des habitants, il ait été décidé de réhabiliter les deux salles de classe. Cependant, comme il y avait trois salles de classe dont la construction était restée incomplète, les résidents et leurs dirigeants, profitant de cette occasion, ont fait reconstruire aussi ces trois salles de classes, plutôt que seulement deux. Ils considéraient que la subvention globale de 3 000 $ US était suffisante pour couvrir les dépenses de construction, si les fonds étaient gérés correctement. Ayant connu cela, les gestionnaires du programme ont tenu une autre réunion publique pour confirmer la décision des résidents pour la reconstruction des trois salles de classe, au lieu de deux. Les participants ont voté à l'unanimité en faveur de ces trois autres salles de classe. En fait, les dirigeants ont utilisé le culte du dimanche pour vulgariser les informations et influencer leur population. C'est également au culte du dimanche que le trésorier, un des membres influents du comité de développement du village dont la tâche consistait à percevoir des taxes au niveau de la chefferie, sensibilisait généralement les résidents à ce sujet. Par exemple, lors d'une réunion il a dit :

« La première chose c'est que, dès la semaine prochaine jusqu'au 5 avril, les femmes et les hommes sont attendus pour transporter les moellons et le sable de la rivière jusqu'au chantier pour construire le mur avant d'aborder les travaux de charpenterie. Nous aimerions inviter tout le monde à le faire. Nous le faisons deux à trois fois par semaine le matin entre 6.00 et 7.00. La deuxième chose est que nous avons l'intention de démolir les deux salles de classe existantes et les reconstruire à partir de la Fondation. Mais maintenant, nous avons choisi pour la construction de trois salles de classe, et cette décision devra être approuvée dans une autre AG, prévue pour mardi prochain à 7.00 ».

Interrogé sur l'effectivité de cette contribution locale, d'autres résidents, en particulier les femmes, telle que l'épouse du pasteur principal, qui était le relais de qualité féminin (*Requa*) du village, a répondu par l'affirmative. Il était évident au cours des réunions publiques que les résidents étaient enthousiastes de la prise de décisions et l'exécution du projet, car ils estimaient que celui-ci était le leur. En comparaison avec les salles de classe incomplètement construites dans d'autres villages, ces trois classes sans toiture de Muli, connu comme le village de Cishukwe, ont été construites solidement (un mur double en briques cuites), conformément aux normes du ministère de l'éducation (c.-à-d. 7 m x 6 m). Au cours de la séance d'approbation, les résidents ont plaidé pour plus de salles de classe, parce que leurs enfants ont été forcés d'étudier dans le bâtiment de l'église en raison de la pénurie de salles de classe. En outre, il n'y avait aucun problème avec la contribution locale, car les habitants étaient prêts à travailler. Ils étaient prêts à s'adapter à tout ajustement du budget du projet pour atteindre leur objectif.

Du point de vue du personnel de Tushiriki, il était utile que les gens acceptent cette idée et que même le budget du projet puisse être révisé si nécessaire, sans modifier le montant de la subvention. Il en est résulté l'approbation du programme par les habitants. La charpenterie et les travaux de construction de toit ont été supervisés par un chef d'église (c'est-à-dire l'évangéliste) ou le chef du village ou les deux, ce qui impliquait que ces deux institutions coexistaient labà. Néanmoins, le budget a été sous-estimé dans la mesure où il n'y avait pas assez des tôles pour l'achèvement des travaux de reconstruction du toit.

Enfin, même les femmes et le chef du village était contents avec le projet Tushiriki ; ils étaient fiers d'avoir reconstruit trois salles de classe pour la première école primaire pour les enfants, dans leur village. Aussi, les gens ont cru en la capacité des membres du CDV pour gérer le projet, comme ils ont vu le bâtiment achevé selon les normes de la zone. La transparence et le rendre-compte, outre la participation active des chefs de village et des résidents, ont été en effet parmi les facteurs qui ont facilité le succès du projet et son appropriation.

6.5.4. Mushugula

Mushugula est un village dans le groupement de Karhundu, qui fait partie de la chefferie de Luhwindja. Il faut environ une demi-heure de marche pour y parvenir par la route principale Luhwindja Kaziba - sur le côté Sud-Est du Luhwindja. En 2008, Mushugula comptait 936 habitants Bahwindjahwindja. Un des problèmes récurrents de Mushugula était l'accès à l'eau potable. Il y avait seulement deux sources d'eau très distantes – sur le côté Ouest de la montagne, qui n'étaient pas bien aménagées et accessibles après une longue marche. Le village n'avait ni école ni centre de santé et, par conséquent, ses résidents dépendaient de l'infrastructure des villages voisins. Toutefois, il y avait une église 5eme CELPA, bien que les membres de la communauté préfèrent fréquenter les églises des villages voisins, soit la 5eme CELPA, soit la 8eme CEPAC dans le village de Cironge.

En 2008, lorsque le projet de Tushiriki devait prendre place à Mushugula, les résidents, guidés par leur chef de village, avaient opté pour l'extension de l'adduction d'eau, construite selon le modèle du projet de la société minière Banro et le Bureau Diocésain de Développement (Banro/BDD) en 2008. Lorsque ce projet a été mis en œuvre, les exigences du village pour la distribution de l'eau n'ont pas reçu l'attention voulue auprès de l'agence d'exécution. Par conséquent, l'idée était de connecter le système d'eau existant à l'un des réservoirs principaux d'eau situés près du village.

Expliquant la question, le chef du village, assisté par un de ses conseillers, a dit : « Lorsque le personnel de Tushiriki est arrivé ici, nous avons choisi l'eau potable comme notre priorité ». Mais, même après son exécution, le problème d'approvisionnement en eau au village persiste, car il n'y a pas eu de négociations avec les propriétaires du système, notamment le chef du groupement, pour obtenir l'autorisation nécessaire pour aller de l'avant. Le plan était d'avoir trois robinets d'eau dans le village ; un de ces robinets serait chez le chef du village et serait connecté au système. Cependant, même trois semaines après la connexion, Mushugula n'a pas obtenu d'eau potable. Un résident a dit :

« Depuis lors, nos robinets n'ont pas fourni d'eau. Nous sommes immédiatement retournés à nos sources non aménagées. Ils nous ont demandé de contribuer 200 Francs congolais [c'est-à-dire 0,241$US]. Comment pouvez-vous payer pour quelque chose que vous n'obtenez pas ? Est-il possible pour nous de le faire ? Non ! Regardez, même une source non-aménagée donne bien la même qualité d'eau. Le seul avantage est d'avoir de l'eau plus près des ménages. S'ils nous demandent de l'argent pour le point d'eau, je préfère envoyer mes enfants à la source non aménagée. Nous avons travaillé pour rien dans la contribution locale, transportant des moellons et du sable ».

Deux points ressortent de cette citation. L'un est que les habitants n'étaient pas beaucoup impliqués dans le processus décisionnel de ce projet, et leur contribution à l'exécution du projet était faible, bien que très peu de gens aient été nécessaires pour transporter le sable et les moellons pour construire les trois robinets d'eau. Le deuxième point est que les habitants n'ont pas donné le sens de s'approprier le projet, car ils ne comprenaient guère la différence entre l'eau d'une source non aménagée et l'eau d'un système d'adduction d'eau bien construit. En conséquence, les gens avaient peu d'enthousiasme à contribuer de l'argent pour la gestion du projet, qui aurait pu être une solution pour assurer l'accès à l'eau potable dans le village.

Un mois plus tard, à la plus grande satisfaction des habitants, l'eau était disponible sur les robinets. Cependant, en regardant de plus près les robinets d'eau, on pouvait constater que ceux-ci n'étaient pas bien construits, car il y avait une fuite d'eau même lorsqu'ils étaient fermés. Cela peut s'expliquer de deux façons. Tout d'abord, le raccordement de la tuyauterie au robinet était mauvais ; en second lieu, la consolidation au ciment de l'ancrage n'a pas été faite correctement. Il y avait une nette différence entre le robinet d'eau du projet Banro-BDD (meilleur) et celui placé dans le cadre du projet Tushiriki. En outre, la pression d'eau était élevée, car le village est situé à côté d'une montagne. Ceci, combiné avec l'absence de contribution régulière des frais de maintenance par les usagers, la durabilité du projet était menacée. Parmi les trois robinets d'eau, l'eau coulait seulement sur deux, parce que le troisième est tombé en panne sans délai en raison de la mauvaise qualité de la construction. Malgré cela, deux résidentes ont reconnu l'utilité du projet, car il réduisait leur distance de transporter l'eau. En outre, l'idée du projet était que les résidents devaient prendre soin du système d'eau, car ils estimaient que c'était un projet de Tushiriki. A ce propos, un des résidents a reconnu :

« Le tuyau a été endommagé. Nous ne savons pas qui doit le réparer. Peut-être, le personnel de Tushiriki, parce que c'est leur projet. En théorie, chaque ménage a prévu de contribuer 200 Francs congolais [c'est-à-dire 0,241$US] tous les mois. La cotisation n'a pas encore commencé. Nous ne savons rien sur la gestion des fonds, nous n'en savons rien. Il serait préférable de parler aux membres du comité. Ils pourraient en savoir quelque chose ».

Cette citation montre clairement que les résidents, en dépit de profiter des résultats du projet, ne se les sont pas appropriés. Cependant, ils l'ont vu comme appartenant au comité ou au programme. En bref, le cas Mushugula montre un projet d'eau qui a échoué d'impliquer les communautés locales dans la prise de décision ou l'exécution du projet et qui a rencontré de nombreux problèmes techniques dans sa mise en œuvre. En conséquence, il n'y avait pas de sentiment d'appropriation, et c'est ainsi que la durabilité du projet est devenue douteuse.

6.6. Point de vue des fonctionnaires de l'Etat et avis du personnel de Tushiriki

Le Chef de Division Chargé de la Recherche-Action et Développement, qui était considéré comme un technicien en développement communautaire au ministère du développement rural à Kinshasa, a déclaré :

« Les gens sont le moteur du développement ; s'ils refusent de voir leurs intérêts dans le projet, ils vont décliner ; ils vont échouer. Vous devez commencer par identifier les besoins de la population ; il s'agit de la base. Vous devriez impliquer les gens ; vous devez les associer. Quand il s'agit d'une action voulue, une aspiration des gens, et quand les gens ont compris leur intérêt [dans le projet], il marche bien ».

Cette déclaration montre qu'au niveau national, au moins au Ministère du Développement Rural, l'opinion généralement convenue est que si les besoins de la population sont pris en compte et si les gens sont associés aux processus du projet, ils peuvent contribuer à son exécution, car ils peuvent considérer le projet comme le leur. En d'autres termes, plus les gens sont impliqués dans le processus décisionnel du projet, plus ils peuvent s'impliquer dans son exécution. Interrogé sur le même sujet, le superviseur de territoire, qui était un membre du personnel principal du programme, a ajouté :

« Un des points forts de cette approche est que les gens qui sont pauvres, sont prêts à participer au programme, parce qu'ils le font pour le développement de leur zone. L'élite locale sensibilise et implique des gens ordinaires dans le projet. La présence de l'aide extérieure comme l'IRC-Tushiriki, motive les résidents à participer ».

Cette déclaration montre l'attente que les habitants vont participer à un projet seulement s'ils estiment que le projet porte sur la reconstruction/le développement de leur milieu. En ce qui concerne le sentiment d'appropriation par les populations locales, on peut déduire que seulement quand les habitants sentent que le projet sélectionné leur appartient qu'ils sont susceptibles d'y participer pleinement.

6.7. Discussion et conclusion

Cette étude examine l'intervention de Tushiriki, une intervention CDR mise en œuvre par l'IRC, en RDC de 2008 à 2010. Elle analyse si les participants du projet CDR ont développé un sentiment d'appropriation au cours de son exécution. Les résultats montrent que dans certains villages, comme en témoignent les cas de Byazi et Muli, on aboutit à une amélioration de la perception populaire de l'intervention. À l'inverse, dans quelques villages, comme en témoignent les cas de Bwishasha et Mushugula, aucune amélioration n'a été observée. Plusieurs aspects méritent une attention.

Avant que le programme Tushiriki soit mis en œuvre dans le milieu, l'aide au développement/reconstruction était perçue par les gens comme une sorte d'assistance extérieure, sans laquelle ils ne seraient pas invités à participer. Ils se sont identifiés comme des bénéficiaires passifs recevant nourriture, abri, sel, huile, etc. Cet état d'esprit peut être compris dans le cadre de l'aide humanitaire, qui a dominé l'assistance à la suite du conflit à l'Est de la RDC. Jusque-là, la plupart d'organisations qui opéraient dans la zone fournissaient l'aide humanitaire, plutôt que l'aide au développement.

Cependant, après l'intervention, les gens ont perçu l'aide au développement/à la reconstruction, sans surprise, comme une combinaison de l'assistance extérieure et des efforts locaux pour aller de l'avant. Dans certains villages, comme à Byazi, il y a eu un changement en ce qui concerne la volonté populaire (surtout parmi les membres de l'église catholique) de contribuer à un projet de reconstruction du village en cas de disponibilité de l'aide. En effet, les points de vue des fonctionnaires et du personnel Tushiriki ont confirmé cette impression. Ce changement de mentalité de la population peut être attribué au rôle de renforcement de capacité et de la facilitation par le personnel de première ligne du programme. Leur action a aidé les bénéficiaires de manière à leur permettre de s'impliquer dans toutes les phases de l'intervention : l'identification des besoins, la planification et l'exécution. Ce point de vue est appuyé par Chambers (cité par Blakburn & Holland, 1999, p.212), qui stipule que, « Nous, les agents de développement, sommes les premiers qui doivent changer pour faciliter la participation de la population ». Il fait ensuite valoir que, que si « nous » changions ou non, la participation réelle autodirigée des gens dans la prise des décisions et la mise en œuvre continuera à être la force motrice derrière leur développement durable (Blackburn & Holland, 1999).

Outre le fait que les acteurs du développement doivent d'abord changer, « le développement » tel que défini par Ngunjiri (1988) consiste en ce que les gens deviennent ou soient aidés à devenir conscients d'eux-mêmes et de leur environnement, après quoi des plans et des actions sont censés suivre. L'implication des gens dans le processus d'auto-assistance, soutient-il, est la pierre angulaire du bon développement, et leur information à propos, est la raison pour laquelle les organisations de développement ont attaché autant d'importance aux méthodes participatives (Ngunjiri, 1998). Ainsi, nous proposons d'élargir la définition de Ngunjiri selon que les gens doivent prendre conscience d'eux-mêmes et de leur environnement. Plus important encore, selon le degré de facilitation et de direction des institutions existantes, ils peuvent développer un sentiment d'« appropriation » des infrastructures reconstruites à travers l'intervention.

Les perceptions à propos de l'implication dans la prise de décisions et du travail communautaire relatif à la reconstruction des infrastructures ont aussi changées le long de l'intervention. Les membres des communautés ont exprimé leur satisfaction et la joie après le programme Tushiriki, parce que d'une part, ils ont identifié la réhabilitation de l'école et de l'adduction d'eau comme leurs priorités. D'autre part, parce qu'ils ont participé à la réalisation de ces projets et en ont bénéficié les résultats. En conséquence, les membres des communautés sentaient qu'ils s'appropriaient ces projets. Contrairement à l'opinion orthodoxe du développement comme étant essentiellement économique, d'autres auteurs ont soutenu l'idée selon laquelle le développement est un processus de transformation, qui pénètre l'ensemble de la toile de la vie humaine. La clé qui l'influence est la participation des bénéficiaires dans la planification et la mise en œuvre des programmes de développement et de partage des dividendes accumulées (Wanga & Chibuta, 1999). Dans le même sens, Alasah attire l'attention sur le consensus que le développement est mieux atteint si les gens sont intrinsèquement impliqués dans les plans et objectifs et quand ils peuvent voir clairement les profits (Alasah, 2011).

Toutefois, malgré la bonne impression dans l'ensemble des communautés locales sur le projet Tushiriki, peu a changé dans certains villages au sujet de la prédisposition des gens à contribuer à la fourniture des matériaux locaux, de la main-d'œuvre non qualifiée ou à la maintenance des infrastructures du projet. Le manque de confiance envers les membres du comité, qui étaient considérés plutôt comme des membres du personnel de l'agence d'exécution, plutôt que des représentants des communautés du projet est une des raisons indéniables. Cette opinion a été renforcée par le fait que, dans les zones concernées, les membres des communautés n'ont pas adhéré à l'idée du bénévolat, parce qu'ils pensaient que personne ne peut travailler gratuitement. En conséquence, l'organe élu n'était pas considéré comme bénévole, plutôt comme le niveau le plus bas de la chaine d'exécution du projet. Cornwall (2008) fait la distinction entre « l'exclusion » et « l'auto-exclusion » à des activités participatives. Il fait valoir que l'exclusion peut résulter de l'échec à faire un espace pour la participation des groupes qui ont moins des voix. Tandis que l'auto-exclusion peut résulter d'expériences antérieures des gens, qui peuvent être associés à un manque de confiance, ou ayant une expérience d'avoir été réduits au silence par des groupes des voix plus puissantes ou par crainte de représailles.

Une autre raison de la participation active des membres du comité au travail communautaire est qu'ils ont reçu plus des formations que quiconque dans le village et ont ainsi mieux compris que quiconque l'approche fondée sur la contribution locale. Ainsi, ils transportaient des matériaux locaux et étaient présents sur le chantier pour surveiller les travailleurs plus activement que quiconque dans le village ; dans le cas contraire, l'intervention aurait couru le risque d'échec. En outre, ils se sentaient comme s'ils étaient propriétaires de l'infrastructure en cours de reconstruction. Une situation où les gens étaient réticents à contribuer à l'entretien du système d'eau ou à fournir des matériaux locaux, peut être considérée comme le résultat de la faible implication au processus décisionnel et le manque de rendre-compte de la part de ceux qui ont été invités à gérer ce financement.

Néanmoins, malgré le fort appel par le personnel de Tushiriki de travailler ensemble à la reconstruction du village, les habitants ont réclamé à plusieurs reprises des incitations concrètes sous forme de nourriture ou d'argent pour une participation active aux travaux. Leur demande est restée insatisfaite, en raison de l'insuffisance de la somme d'argent (3000 $US) accordée à chaque village. Dans l'ensemble, cette différence des points de vue entre le personnel de première ligne de Tushiriki et la population cible était sans doute une raison supplémentaire de la faible implication des communautés locales dans la contribution de la communauté.

L'intervention n'avait pas modifié le sens de l'intérêt communautaire. Avant et après le programme, les participants ont estimé qu'ils faisaient partie de la communauté, qui avait besoin de reconstruire des services publics comme les écoles, les routes et les systèmes d'adduction d'eau. La littérature suggère que là où les gens ont peu de sens d'appartenance à la communauté, ils peuvent être peu enclins à passer du temps dans les affaires communautaires (Cornwall, 2008). Dans la plupart des villages, les résidents ont montré un sens de l'intérêt communautaire en participant, par exemple dans des réunions publiques, parce qu'ils croyaient en la pertinence de la reconstruction des infrastructures pour le bien commun de tout le monde.

Le cas de Muli montre que la capacité des membres du comité à gérer les fonds alloués au village s'est améliorée sous l'intervention de Tushiriki. Les membres du comité désignés par le groupe avaient retiré l'argent à la coopérative d'Epargne et de Crédit (une banque locale). Ils avaient acheté les matériaux de construction, tels que les tôles, les planches, les briques et le ciment, en plus de contracter les maçons et les techniciens pour construire les infrastructures. Ils rendaient compte aux communautés locales dans les réunions publiques tel que requis par le personnel de première ligne de Tushiriki. En fin de compte, tous les projets étaient achevés comme prévu dans la plupart des villages visés. Il n'est pas certain, cependant, si les membres du comité auraient réussi sans aucune assistance technique et de gestion auprès du personnel de terrain de Tushiriki.

En explorant la façon dont l'aide au développement avait contribué à la cohésion sociale, après la guerre civile au Libéria, les auteurs ont soutenu qu'avec la création de nouvelles institutions au niveau local, les modèles de coopération sociale peuvent changer même après la fin du programme (Fearon, Humphreys, & Weinstein, 2009). Les villages visés par le programme CDR dans cette étude révèlent des niveaux plus élevés de coopération sociale que dans les villages comparés. Elle révèle également que les changements peuvent avoir lieu dans une communauté en réponse à une intervention extérieure et pas nécessairement à des changements fondamentaux dans la structure des relations économiques et le processus politique au niveau macro. Néanmoins, les autres facteurs, comme le financement, la durée et l'espace offert aux gens pour exprimer leurs idées, peuvent contribuer à ce que nous considérons comme « la culture de l'intervention de reconstruction ou de développement post-conflit ».

Enfin, il devrait être fait mention de la connectivité entre la réduction de la pauvreté et l'intervention de Tushiriki. L'intervention a créé un espace qui a motivé les communautés locales à s'impliquer dans la prise de décision et l'exécution de projet. Il a ainsi donné le pouvoir aux bénéficiaires, en particulier les membres du comité pour la reconstruction des infrastructures dans les domaines du transport, de l'éducation et de l'eau. De ces réalisations, les gens ont eu accès au transport en voiture ou en moto, à l'école en termes de distance et de coût et à l'eau potable plus près de leurs foyers. Tandis que la littérature suggère que la réduction de la pauvreté est une notion complexe et multiforme (Vedeld, 2003; Jutting et al., 2005) ; les chercheurs et les praticiens estiment généralement qu'elle peut être définie comme (Vedeld, 2003, p. 162):

« (1) une autonomisation du pauvre – compris comme une participation effective et voix – associée à un certain degré de réactivité de la part du gouvernement (c'est pourquoi, elle complète la « démocratie ») ; (2) un développement des capacités sociales ou humaines à travers, par exemple, un meilleur accès à la santé, à l'éducation, à l'eau et aux infrastructures ; (3) des gains économiques des pauvres à travers une croissance pro pauvres ou l'amélioration des possibilités économiques ; et (4) la réduction des inégalités sociales par le biais de la redistribution du revenu ».

Nous adoptons la seconde dimension, comme les répondants ont perçu Tushiriki comme un programme qui améliorait leur accessibilité à l'éducation, à l'eau et aux infrastructures telles que les routes locales. Dans chacune des deux chefferies étudiées, 17 villages Tushiriki ont réalisé des projets à petite échelle dans les domaines de l'éducation, des ponts routes, et de l'eau. Ainsi, environ 44 573 personnes ont bénéficié directement ou indirectement de ces services. Une autre raison en faveur de la deuxième dimension est que le développement, comme un processus de transformation, est plus un phénomène social (Wanga & Chibuta, 1999) que simplement économique. Cette dimension est importante dans le contexte des années de reconstruction post-conflit, quand des millions de gens doivent revenir dans leurs villages avec des besoins d'accéder aux produits de première nécessité et des services publics.

Cette étude a été motivée par le fait que l'appropriation locale joue un rôle important dans la formulation de la politique des organismes bilatéraux et multilatéraux pour un développement efficace et durable, même si elle est associée aux défis en pratique. Il analyse si les participants à un programme CDR en RDC ont développé un sentiment d'appropriation de celui-ci lorsqu'il a été exécuté pendant la période de l'après-conflit, de 2008 à 2010. Nous soutenons ensuite que le sentiment local d'appropriation d'un projet CDR peut être amélioré grâce à des programmes qui créent un espace pour cette appropriation et où les institutions existantes sont en leur faveur. En effet, deux cas (c'est-à-dire, Byazi et Muli) illustrent comment les gens estimaient que le projet de village leur appartenait, tandis que les deux autres (Bwishasha et Mushugula) démontrent le contraire.

Une des principales raisons est que certaines institutions, comme les chefs traditionnels dans le village de Mushugula en chefferie de Luhwindja et l'église protestante de Bwishasha en chefferie de Burhinyi, ont influencé le processus décisionnel de manière négative. Et cela, à tel point que les résidents n'étaient pas très intéressés par le projet. Là où ces institutions ont joué un rôle positif, cependant, les habitants étaient beaucoup plus impliqués dans le projet. De même, la transparence et le rendre-compte du programme Tushiriki ont contribué au succès relatif du projet du village et donc au sentiment d'appropriation. Les représentants de l'Etat et les cadres supérieurs de Tushiriki ont soutenu l'idée selon laquelle si les résidents sont impliqués dans tous les processus du projet, ils sont alors susceptibles de participer à l'exécution du projet et éventuellement à s'en approprier. La présente étude montre une combinaison des facteurs pour accroitre les chances de succès et donc la probabilité de développer un sentiment d'appropriation par la population locale. Ce sont l'existence d'une homogénéité sociale, en ce qui concerne l'origine ethnique, la bonne collaboration entre les institutions, telles que la chefferie et des églises locales. Mais c'est aussi la transparence et la redevabilité des dirigeants locaux vis-à-vis des populations engagées dans le processus de reconstruction de projets.

Cette idée soutient l'interaction entre ceux qui sont impliqués dans la participation et le renforcement des réseaux, ceux qui sont impliqués dans la prise de décision et ceux qui exécutent le projet et l'appropriation du projet (Majee & Hoyt, 2010). En outre, lorsque les résidents interagissent entre eux pour le bien-être de la communauté, l'interaction peut définir la communauté, et comme nous avons trouvé dans cette étude, elle peut aussi conduire à l'appropriation du projet (Korsching, Lasley, Sápp, Titchner, & Gruber, 2010, p. 458). Notons que les gens dans les villages ciblés ont montré l'intérêt de s'approprier les projets qui ont été identifiés, planifiés et exécutés par eux-mêmes. Le projet Tushiriki montre clairement que ce ne sont pas toutes les organisations internationales opérant à Burhinyi et Luhwindja dans les activités de reconstruction après les conflits qui pouvaient promouvoir le sentiment d'appropriation locale. Parce que tous ne pouvaient générer l'espace nécessaire pour la formation, l'assistance technique et managériale au sein de l'intervention.

Aussi, nous sommes sceptiques sur le fait que les communautés locales continueront à s'intéresser à l'appropriation de ces projets, après la fin de l'intervention. Malgré le changement des mentalités des habitants grâce à l'intervention, il n'est pas certain qu'ils resteront attachés aux projets dans l'avenir, parce que d'autres acteurs, avec différentes approches, continueront à exploiter et à influencer leurs croyances. Cette divergence dans les approches des différents organismes opérant dans la même zone annule ce que les gens ont acquis dans les interventions précédentes.

Enfin, nous demeurons prudents quant à la relation entre l'appropriation locale de l'intervention Tushiriki comme une approche participative de reconstruction, d'une part, et la réduction de la pauvreté, d'autre part. Parce que les communautés ont perçu l'intervention de Tushiriki comme un projet qui a contribué simultanément, dans une certaine mesure, à améliorer l'accès à l'éducation, à l'eau potable, aux facilités de transport, à l'amélioration de l'appropriation locale de l'infrastructure. Son impact sur la réduction de la pauvreté a été positif, du moins en termes de transformation sociale plutôt que de gains économiques. Nous demeurons également conscients des limites de l'intervention de Tushiriki en termes de temps, de budget et en termes des relations de pouvoir, de renforcement des capacités et du labeur. Lors de l'assistance post-conflit, la promotion des programmes qui créent un espace pour développer un sentiment d'appropriation dans les communautés locales est indispensable. Ces programmes devraient motiver et collaborer avec les institutions religieuses et étatiques en impliquant plus de bénéficiaires et les institutions locales, notamment la chefferie et les églises locales dans le processus décisionnel et l'exécution des projets. Cette manière d'opérer a, non seulement le potentiel d'améliorer la capacité de développer l'appropriation locale des interventions, mais aussi d'assurer leur durabilité à travers l'engament des communautés locales.

Notes

1. La tradition Marshall se réfère à la parole donnée par l'ancien Secrétaire d'État américain George Catlett Marshall le 5 juin 1947 à

l'Université Harvard. Ce discours a lancé le programme d'aide européenne après la guerre, communément appelé Plan Marshall. Il s'agissait de la reconstruction de l'Europe après la seconde guerre mondiale. Ce programme européen de relance a fait sortir l'Europe du chaos, de la faim, de la pauvreté, du désespoir et des cendres de la seconde guerre mondiale.

2. La déclaration a donné naissance à une série d'objectifs concrets et mesurables de développement connus comme Objectifs du Millénaire pour le Développement (OMD). Les participants s'étaient engagés à atteindre ces objectifs à 2015, notamment : (1) un terme à la pauvreté et à la faim, (2) l'éducation universelle, (3) l'égalité du genre, (4) la santé de l'enfant, (5) la santé maternelle, (6) la lutte contre le VIH/SIDA, (7) l'environnement durable et (8) le partenariat global. Ce chapitre se réfère à presque tous les OMD, parce que les projets exécutés dans le cadre du programme Tushiriki visaient l'accès à l'éducation, à l'eau potable, aux soins de santé, la participation des femmes, le partenariat entre les intervenants et autres domaines d'intérêt similaire.

6.8. References

Alasah, A. (2011). 'The impact of government policy on grassroots level community development initiative in the Northwest region of Cameroon', *Community Development Journal, 46*, 196–212.

Balemba, I. (2004). 'Reconstruction in post-conflict situations: The case of the DRC. A conceptual framework', *Journal of Human Rights and Peace in the Great Lakes Region, 1*, 9–21.

Blackburn, J., & Holland, J. (1999). 'Book review', *Development in Practice, 9*, 212–213.

Bräutigam, D. (2000). *Aid dependence and governance*. Expert group on development issues 1, School of International Service. Washington, DC: American University.

Buiter, W. (2004). *Country ownership: A term whose time has gone*. Paper presented at the meeting of the Development Policy Forum about conditionality revisited, organized by the World Bank, European Bank for Reconstruction and Development, Paris.

Coghlan, B., Ngoy, P., Mulumba, F., Hardy, C., Bemo, N., Stewart, T.,… & Brennan, R. (2007). *Mortality in the Democratic Republic of Congo: An ongoing crisis*. New York, NY: International Rescue Committee.

Cooke, B., & Kothari, U. (2001). *Participation: the new tyranny?* London: Zed Books.

Cornwall, A. (2008). 'Unpacking "participation": Models, meanings and practices', *Community Development Journal*, 43, 269–283.

D'Onofrio, A., & Sage, B. (2007). *The international rescue committee, Democratic Republic of Congo*. New York, NY: International Rescue Committee.

Dasgupta, A., & Beard, V. (2007). 'Community-driven development, collective action and elite capture in Indonesia', *Development and Change*, 38, 229–249.

Fearon, J., Humphreys, M., & Weinstein, J. (2009). 'Can development aid contribute to social cohesion after civil war? Evidence from a field experiment in post-conflict Liberia', *American Economic Review: Papers & Proceedings*, 99, 287–291.

Funder, M. (2010). 'The social shaping of participatory spaces: Evidence from community development in Southern Thailand', *Journal of Development Studies*, 46, 1708–1728.

Gray, D. (2006). *Doing research in the real world*. London: Sage.

Hannah, R. (2006). *"Local ownership" in conflict transformation projects partnership, participation or patronage?* Berlin: Berlin Berghof Research Center for Constructive Conflict Management.

Hilhorst, D. (2007). *Saving lives or saving societies? Realities of relief and reconstruction*. Wageningen: Wageningen University.

International Rescue Committee & CARE. (2009). *Les Protocoles de Tuungane* [The Tuungane Protocols].

Bukavu: International Rescue Committee & Care International.
IRIN. (2008). DRC: Majority of rapists go unpunished. *Humanitarian News and Analysis*. Retrieved from http://www.irinnews.org/report.aspx?ReportID
Jutting, J., Corsi, E., Kauffmann, C., Mcdonnell, I., Osterrieder, H., Pinaud, N., & Wegner, L. (2005). 'What makes decentralisation in developing countries pro-poor?' *The European Journal of Development Research, 17*, 626–648.
Korsching, P., Lasley, P., Sápp, S., Titchner, G., & Gruber, T. (2010). 'Farmer support of local organizations, causes, and charities through philanthropy', *Community Development, 41*, 453–470.
Kuehne, W., Pietz, T., Carlowitz, L., & Gienanth, T. (2008, March). *Peace building processes in failed states: How to improve local ownership?* Paper presented at the annual meeting of the International Studies Association, San Francisco, CA.
Lemarchand, R. (2001). *The Democratic Republic of Congo: From collapse to potential reconstruction* (Occasional Paper). Copenhagen: Centre of African Studies, University of Copenhagen, Copenhagen.
Majee, W., & Hoyt, A. (2010). Are worker-owned cooperatives the brewing pots for social capital? *Community Development, 41*, 417–430.
Mansuri, G., & Rao, V. (2003). *Evaluating community-based and community-driven development: A critical review of the evidence*. Washington, DC: The World Bank Development Research Group.
Maynard, K., & Jodi, N. (2007). *The role of culture, islam and tradition in community-driven reconstruction. A study on international rescue committee's approach to Afghanistan's national solidarity program*. New York, NY: International Rescue Committee.

McBride, L., & Patel, N. (2007). *IRC's approach to community-driven reconstruction: a basic primer for first generation programming designed for contextual adaptation, Version 2*. New York, NY: International Rescue Committee.

Merckx, M., & Vander Weyden, P. (2007). 'Parliamentary and presidential elections in the Democratic Republic of Congo, 2006', *Electoral Studies*, 26, 809–813.

Motteux, N., Binns, T., Nel, E., & Rowntree, K. (1999). 'Empowerment for development: taking participatory appraisal further in rural South Africa', *Development in Practice*, 9, 261–273.

Natsios, A. (2005). 'The nine principles of reconstruction and development', *Parameters*, 35, 4–20.

Ngunjiri, E. (1998). Participatory methodologies: Double-edged swords. *Development in Practice*, 8, 466–470.

Onyach-Olaa, M., Namara, S., Lubanga, T., & Musheshe, M. (2003). *Scaling up the community-driven development (DC): Case study from Uganda*. Washington, DC: World Bank.

Platteau, J. (2004). 'Monitoring elite capture in community-driven development', *Development and Change*, 35, 224–246.

Platteau, J., & Gaspart, F. (2003). 'The risk of resource misappropriation in community-driven development', *World Development*, 31, 1687–1703.

Reyntjens, F. (2005). 'The privatization and criminalization of public space in the geopolitics of the Great Lakes region', *Journal of Modern African Studies*, 43, 587–607.

Richards, P., Bah, K., & Vincent, J. (2004). *The social assessment study: Community-driven development and social capital in post-war Sierra Leone*. Washington, DC: World Bank.

Saxby, J. (2003). *Local ownership and development co-operation: The role of Northern civil society*. Ontario: Canadian Council for International Co-operation.

Sneddom, C., & Fox, C. (2007). 'Power, development and institutional change: Participatory governance in the lower Mekong basin', *World Development*, 35, 2161–2181.

Stichting Vluchteling & International Rescue Committee. (2007). Annual plan 2008: The first year of rebuilding your future. *Community-driven reconstruction in Burundi and DRC: a framework towards poverty alleviation in post-conflict countries*. The Hague: Stichting Vluchteling.

United Nations. (2009). *MDG gap taskforce report 2009: The millennium development goals report*. New York, NY: United Nations.

United Nations Development Program. (2009). *Human development report 2009 Congo (Democratic Republic of the) the human development index: going beyond income*. New York, NY: United Nations.

Vedeld, T. (2003). 'Democratic decentralization and poverty reduction: Exploring the linkages', *Forum for Development Studies*, 2, 159–203.

Wanga, W., & Chibuta, P. (1999). 'Resuscitating voter interest in Zambia: The adult education association of Zambia's role in national elections', *Development in Practice*, 9, 468–473.

Weeks, J., Andersson, D., Cramer, C., Geda, A., Hailu, D., Muhereza, F., … & Stein, H. (2002). *Supporting ownership: Swedish development cooperation with Kenya, Tanzania, and Uganda*. Stockholm: Sida Evaluation.

Photo 6.1 : *président CDV Kabingu II s'adresse à la population prête à tracer la route, chefferie Luhwindja*

Photo 6.2 : *résidents de la localité Kabingu II engagés au travail de la route locale, chefferie Luhwindja*

7. Conclusion

Patrick Milabyo Kyamusugulwa

Ce volume, consacré aux dimensions de la gouvernance locale, de la reconstruction et du développement participatif, résume les résultats des différentes études menées à ce sujet dans le cadre du programme Tushiriki à l'Est de la République Démocratique du Congo (RDC). A l'issue de ces études, nous avons tiré plusieurs leçons qui permettent d'éclairer tout programme qui voudrait promouvoir la gouvernance locale à travers la reconstruction communautaire dans les zones affectées par les conflits dans le contexte de la RDC ou similaire à celui-ci.

De l'expérience du renforcement des capacités pour la bonne gouvernance locale du programme Tushiriki, nous apprenons que l'échec de changement de comportement des habitants en matière de gouvernance locale se justifie par la difficulté de modifier les mécanismes existants de transparence et de rendre-compte des institutions existantes par une série des formations et d'assistances sur ces principes. Et cela, pour les remplacer progressivement par des mécanismes qui ont la chance d'améliorer l'accès aux ressources et services publics de manière juste et équitable. Tel a été l'un des objectifs des programmes CDR, qui ont été implémentés à l'Est de la RDC dans la dernière décennie (Eade 2007; Humphreys 2012).

Une autre leçon tirée, non la moindre, a été de veiller sur la chaine de renforcement des capacités en gouvernance locale, à savoir dès l'élaboration des modules de formation, leur traduction de l'Anglais au Français, du Français au Kiswahili et du Kiswahili à la langue locale. Mais également l'attention devrait être accordée à la facilitation des séances de formation et d'ateliers d'échange à ce sujet, ainsi qu'à l'illustration de ces principes par des exemples concrets et pragmatiques. Enfin, une attention particulière devrait être accordée à l'entrainement à la tâche ou le *coaching*, c'est-à-dire à la manière dont les agents de terrain voient appliquer ou influencent l'application de la transparence et du rendre-compte, l'inclusion du genre et la représentativité dans la vie quotidienne des habitants. En même temps, il y a nécessité de coordonner les actions avec des programmes similaires opérant dans les mêmes zones afin d'harmoniser les messages, pratiques et méthodes de promotion de la gouvernance locale et reconstruction (Bastiaensen *et al.* 2005; Kyamusugulwa 2014b).

De même, de trois mécanismes de rendre-compte appliqués dans le programme Tushiriki, nous avons noté l'insuccès des réunions publiques, de l'affichage des rapports et le déficit de renforcement du rôle de 'chien de garde' de la société civile. Le rendre-compte dans le programme Tushiriki avait donc pris une forme différente conformément aux normes sociales basées sur l'informalité du rendre-compte des institutions existantes. Des efforts devraient être fournis sur la manière d'amener les dirigeants des institutions étatiques et non-étatiques à rendre-compte de leurs actions à leurs constituants ou leurs populations. Inversement, les populations ou les dirigés devraient s'habituer à tenir redevables ceux qui les dirigent de manière que ces derniers justifient leurs actions, faute de courir le risque de sanctions (Ackerman 2005). Enfin, un regard analytique devrait être porté à la manière habituelle de rendre-compte par les détenteurs d'enjeux existants et la manière de basculer les façons d'agir au rythme souhaité de ce principe cher à la gouvernance locale (Fox 2015; Kyamusugulwa et al. 2018). Des mécanismes qui s'avèrent promettant sont entre autres le bulletin communautaire de performance (*community score card*), autrement connu sous le nom de fiche communautaire de rendu des résultats, et l'audit social, qui devraient être prioritaires dans ces genres des programmes (Grandvoinnet 2015).

Dans le même ordre d'idées, la promotion de la gouvernance locale à travers la reconstruction communautaire fait face à la capture par l'élite locale (Platteau 2004). L'élite locale longtemps décrite comme étant prédatrice d'interventions de reconstruction et développement participatif, de manière surprenante, nous avons trouvé que les interventions du programme Tushiriki, ont eu le succès grâce à l'implication de cette élite. En effet, les chefs traditionnels et les leaders religieux faisant partie de cette élite, ont saisi cette opportunité pour renforcer leur base de pouvoir dans la communauté. Néanmoins, dans certaines tentatives de la capture par l'élite locale, l'élite mieux gradée a eu l'avantage sur celle moins gradée au bénéfice de l'intervention. Ce jeu de pouvoir que nous appelons maintenant « pouvoir sur pouvoir » a été sans doute, une des voies de sortie face aux intentions négatives d'une certaine élite locale (Dasgupta & Beard 2007; Kyamusugulwa & Hilhorst 2015). Ce chapitre nous a aussi révélé qu'il n'y a pas moyen de promouvoir la gouvernance locale sans passer par les institutions locales et les rapports de force qui y sont attachés. Par exemple, les églises ont été très puissantes dans le choix des infrastructures scolaires, alors que les chefs traditionnels ont été puissants dans le choix des infrastructures routières. Finalement, ce chapitre relève qu'investir dans la promotion du rendre-compte social au sein des églises et des autorités traditionnelles reste une voie non négligeable d'atteindre les détenteurs de pouvoir locaux. Ce détenteurs d'enjeux ont le devoir de rendre-compte social afin d'améliorer l'accès aux services de base dont l'éducation, la santé, l'eau par toute la population, y compris les personnes démunies (Gaventa 2006; Seay 2009; Kyamusugulwa & Hilhorst 2015).

Aussi, bien que l'histoire du travail forcé reste sombre en RDC en général, plus particulièrement à l'Est de la RDC, nous sommes éclairés que la mobilisation des résidents à la main-d'œuvre dans les interventions de reconstruction communautaire est fonction du type de travail public exigé. Parce que celle-ci est fonction du temps et du coût engagé en termes de coût d'opportunité et d'efforts engagés. Nous comprenons également que la mobilisation à y participer était fonction des mesures incitatives préconisées (c'est-à-dire travail pour argent ou travail gratuit). Ces mesures, elles-mêmes étaient fonction du degré de transparence et de rendre-compte, d'inclusion du genre et de représentativité vis-à-vis du travail communautaire. Dans ce chapitre, nous avons distingué 3 types de labeur (c'est-à-dire le labeur manuel, le labeur technique et le labeur managérial), chacun d'entre eux ayant ses caractéristiques propres et devrait nécessiter sa propre structure incitative. La main-d'œuvre ou le labeur ne devrait donc être ni forcé, ni gratuit si l'on veut produire des changements durables dans la maintenance des infrastructures résultant des interventions de reconstruction communautaire (Hilhorst *et al.* 2010; Kyamusugulwa *et al.* 2017).

Du dernier chapitre, nous retenons que des communautés où les détenteurs d'enjeux existants, à savoir les institutions existantes dont les églises et les chefs traditionnels, ont impliqué les habitants dans le choix et l'exécution des interventions, ces derniers ont développé le sentiment d'appropriation locale de celles-ci (Seay 2009; Kyamusugulwa 2014a). De même, des communautés où les agents de terrain de l'agence d'implémentation du programme Tushiriki ont favorisé la transparence et le rendre-compte dans l'exécution des interventions, les habitants ont développé ce même sentiment. Nous tirons la leçon que ces deux facteurs ont été déterminants pour promouvoir l'appropriation et la maintenance des infrastructures résultant des interventions de reconstruction communautaire. Nous avons également été informés que l'appropriation locale n'est pas une donnée simplement transférable d'une intervention ou d'une zone à une autre. Elle devrait plutôt être construite lorsqu'on travaille efficacement en impliquant l'élite locale et lorsqu'on observe les principes de gouvernance locale, à savoir la transparence et le rendre-compte social au cours des étapes des interventions de reconstruction (Ackerman 2005; Fox 2007; Fox 2015; Dasgupta & Beard 2007). Enfin, nous savons que lorsque les habitants ont développé l'appropriation locale d'une intervention et des résultats issus de celle-ci, il y a contribution à la réduction de la pauvreté, non pas nécessairement dans le sens de gains économiques, mais dans le sens d'amélioration d'accès aux services de base tels que l'éducation, l'eau potable et les facilités de transport (Kyamusugulwa 2013a; Kyamusugulwa 2013b).

Ainsi élaboré, ce volume, à travers les leçons apprises ci-haut décrites, se veut une contribution significative au problème que traverse l'Est de la RDC en particulier et toute la RDC en général, celui de la crise de gouvernance et de reconstruction. En appliquant ces leçons présentées sous formes des recommandations aux organismes internationaux, nationaux et gouvernements de la RDC (national, provincial ou local) ou aux pays confrontés aux mêmes défis, il y a lieu d'évoluer vers les progrès. Nous sommes convaincus qu'il y a lieu de transcender les pratiques de mal gouvernance ou les antivaleurs qui bloquent son décollage réel vers la reconstruction communautaire. Ces pratiques étant la corruption, la capture par l'élite, la mauvaise redistribution des ressources disponibles, le déficit d'entretien des routes, la carence des systèmes d'eau potable, l'insuffisance de la redevabilité sociale dans la gestion des écoles, des centres de santé, etc. Sans la prise de conscience et la priorisation de la transparence et du rendre-compte, de l'inclusion du genre et de la représentativité, l'Est de la RDC en particulier et toute la RDC en général et les pays similaires confrontés aux mêmes défis ont encore un long trajet à parcourir. Ce qui revient à dire que vouloir s'en sortir prendra des décennies, voire plus de temps pour qu'on arrive à la reconstruction des infrastructures socioéconomiques, qui passe d'abord et avant tout par la reconstruction des mentalités de gouvernance locale. C'est seulement sous cette condition que la RDC peut faire face aux problèmes de gouvernance locale et de reconstruction communautaire qui gangrènent ses systèmes et institutions depuis des décennies.

Références bibliographiques

Ackerman, J. (2005). 'Responsabilisation sociale dans le secteur public : Réflexion conceptuelle.' *Social Development papers: Participation and civic engagement.* Washington: Banque Mondiale, N° 82, 1-42.

Bastiaensen, J., T. De Herdt, et al. 2005. "Poverty Reduction as a Local Institutional Process." *World Development 33* (6): 979–993.

Daloz, J. (2003). 'Big Men' in Sub-Saharan Africa: How elites accumulate positions and resources. *Comparative Sociology*, 2(1), 271–285.

Dasgupta, A., & Beard, V. (2007). 'Community-driven development, collective action and elite capture in Indonesia', *Development and Change, 38*, 229–249.
Eade, D. (2007). 'Capacity building: who builds whose capacity?', *Development in Practice, 17(4–5)*, 630–639.
Fox, J. (2007). 'The uncertain relationship between transparency and accountability', *Development in Practice*, 17 (4–5), pp 663–671.
Fox, J. (2015). Social Accountability: What Does the Evidence Really Say? *World Development* 72: 346–361.
Gaventa, J. (2006). Finding the spaces for change: A power analysis. *IDS Bulletin*, 37(6), 23–33.
Grandvoinnet, H., Aslam, G., & Raha, S. (2015).'*Opening the Black Box: The Contextual Drivers of Social Accountability*. New Frontiers of Social Policy series.' Washington, DC: World Bank.
Hilhorst, D., I. Christoplos and G. Van Der Haar (2010) 'Reconstruction from below: a new magic bullet or shooting from the hip?', *Third World Quarterly* 31, 7: 1107–1124.
Humphreys, M., Sanchez, R., & Van der Windt, P. (2012). *Social and Economic Impact of Tuungane : Final Report of the Effects of a Community-Driven Reconstruction Program in Eastern Democratic Republic of Congo*. New York, NY: Columbia University.
Kelsall, T. (2008). Going with the grain in African development? *Development Policy Review,* 26(6), 627–655.
Kyamusugulwa, P.M. (2013a) 'Local ownership in community-driven reconstruction in the Democratic Republic of Congo', *Community development* 44 (3): 364–385.
Kyamusugulwa, P.M. (2013b) 'Participatory development and reconstruction: a literature review', *Third World Quarterly* 34 (7):1265–1278.

Kyamusugulwa, M. (2014a). Community-driven reconstruction: capacity building, accountability, power holders, labour and ownership in the Eastern Democratic Republic of Congo. Wageningen University, PhD Dissertation.

Kyamusugulwa, PM. Hilhorst, D. & Van Der Haar, G. (2014b). Capacity builders for governance: community-driven reconstruction in the eastern Democratic Republic of Congo, *Development in Practice 24* (7): 812-826

Kyamusugulwa, PM. and D. Hilhorst. (2015). 'Power holders and social dynamics of Participatory Development and Reconstruction: Cases from the Democratic Republic of Congo', *World Development* 70: 249–259.

Kyamusugulwa, PM., Cuvelier, J. & Hilhorst, D. (2017). Labour mobilization: the case of Tushiriki (DRC). In Hilhorst, D., Weijs, B. & Haar, G. *People, Aid and Institutions in Socio-economic Recovery: Facing fragilities*. New York: Routledge, pp 138-155.

Kyamusugulwa, PM., Dorothea Hilhorst, D. & Jacobs, C. (2018). Accountability mechanisms in community-driven reconstruction in eastern Democratic Republic of Congo, *Development in Practice 28* (1), 4-15.

Lund, J. F., & Saito-Jensen, M. (2013). Revisiting the issue of elite capture of participatory initiatives. *World Development 46*, 104–112.

Platteau, J. (2004). 'Monitoring elite capture in community-driven development', *Development and Change, 35*, 223–246.

Seay, L. (2009). Authority at twilight: Civil society, social services, and the State in the Eastern Democratic Republic of Congo (Unpublished doctoral dissertation). Austin: University of Texas at Austin.

Photo 7.1: *pont local sur rivière Namnana avant la reconstruction communautaire, chefferie Luhwindja*

Photo 7.2 : *pont sur rivière Namnana après reconstruction communautaire, chefferie Luhwindja*

Structures éditoriales du groupe L'Harmattan

L'Harmattan Italie
Via degli Artisti, 15
10124 Torino
harmattan.italia@gmail.com

L'Harmattan Hongrie
Kossuth l. u. 14-16.
1053 Budapest
harmattan@harmattan.hu

L'Harmattan Sénégal
10 VDN en face Mermoz
BP 45034 Dakar-Fann
senharmattan@gmail.com

L'Harmattan Cameroun
TSINGA/FECAFOOT
BP 11486 Yaoundé
inkoukam@gmail.com

L'Harmattan Burkina Faso
Achille Somé – tengnule@hotmail.fr

L'Harmattan Guinée
Almamya, rue KA 028 OKB Agency
BP 3470 Conakry
harmattanguinee@yahoo.fr

L'Harmattan RDC
185, avenue Nyangwe
Commune de Lingwala – Kinshasa
matangilamusadila@yahoo.fr

L'Harmattan Congo
219, avenue Nelson Mandela
BP 2874 Brazzaville
harmattan.congo@yahoo.fr

L'Harmattan Mali
ACI 2000 - Immeuble Mgr Jean Marie Cisse
Bureau 10
BP 145 Bamako-Mali
mali@harmattan.fr

L'Harmattan Togo
Djidjole – Lomé
Maison Amela
face EPP BATOME
ddamela@aol.com

L'Harmattan Côte d'Ivoire
Résidence Karl – Cité des Arts
Abidjan-Cocody
03 BP 1588 Abidjan
espace_harmattan.ci@hotmail.fr

Nos librairies en France

Librairie internationale
16, rue des Écoles
75005 Paris
librairie.internationale@harmattan.fr
01 40 46 79 11
www.librairieharmattan.com

Librairie des savoirs
21, rue des Écoles
75005 Paris
librairie.sh@harmattan.fr
01 46 34 13 71
www.librairieharmattansh.com

Librairie Le Lucernaire
53, rue Notre-Dame-des-Champs
75006 Paris
librairie@lucernaire.fr
01 42 22 67 13

www.ingramcontent.com/pod-product-compliance
Lightning Source LLC
LaVergne TN
LVHW011017061026
849535LV00006B/1928
* 9 7 8 2 1 4 0 3 0 5 8 5 6 *